_____ 님께

대한민국
골든타임
돌파전략

추천사

김기현
국민의힘 당 대표

 정승연 위원장의 『대한민국 골든타임 돌파전략』 출간을 진심으로 축하합니다. 이 책은 대한민국 위기의 원인을 진단하고 골든타임 돌파를 위한 국가 전략을 높은 정치적 식견과 경제전문가의 혜안으로 통찰하고 있습니다.

 저자의 말씀대로 대한민국은 경제·산업·민생 등 총체적 위기 앞에 놓여 있습니다. 과감한 개혁과 쇄신으로 지속 가능한 대한민국을 새롭게 모색해야 합니다. 그러기 위해서는 윤석열 정부의 3대 개혁 과제인 노동개혁·연금개혁·교육개혁이 반드시 이루어져야 합니다.

 대한민국호(號)가 엄중한 위기를 돌파하기 위해서는 '정치가 바로 서야 한다'는 저자의 말씀에 깊이 공감합니다. 저는 지난 6월 교섭단체 대표연설에서 정치 쇄신의 3대 과제로 '국회의원 정수 10% 감축', '무노동 무임금 제도 도입', '불체포특권 포기'를 제안한 바 있습니다.

특권과 반칙이 사라지고 법치가 바로 서야 원칙이 바로 선 대한민국을 만들 수 있습니다. 누구도 법 위에 군림할 수 없고, 법 앞에 평등해야 합니다. 사법 리스크와 돈 봉투가 남발하고, 말로만 특권 포기를 외치면서 국정 발목잡기에만 몰두해서는 우리 정치가 바로 설 수 없습니다.

국민의 삶을 돌보지 못하고 아픔과 절규에 해결책을 드리지 못하는 정치는 존재할 이유가 없습니다. 골든타임에 빠져 있는 대한민국의 현실을 직시하고 내일이 불안한 대한민국이 아닌, 새로운 대한민국의 성장판을 다시 여는 희망의 정치를 보여주어야 합니다.

다시 한번 정승연 위원장의 책 출간을 진심으로 축하드립니다. 정승연 위원장께서 앞으로 펼쳐나가시는 앞날에 항상 행운과 영광이 함께 하시기를 바랍니다.

추천사

유정복
인천광역시장

『대한민국 골든타임 돌파전략』 책 출간을 진심으로 축하합
니다. 책을 통해서 정승연 위원장이 평소 우리나라가 직면한
어려움을 어떻게 극복할 것인가에 대해 많은 생각을 해왔다는
점을 알게 되었습니다. 정 위원장의 말대로 산업화와 민주화
를 짧은 기간에 달성한 대한민국은 현재의 위기를 반드시 극
복해야 하는 숙명을 안고 있습니다.

현재 대한민국이 맞닥뜨린 저출산과 사교육, 성장동력의 상
실, 중산층 붕괴 등의 문제들은 쉽게 극복하기 어려운 도전들
입니다. 그러나 우리는 이러한 문제들을 극복할 청사진을 충
분한 사회적 논의를 통해 조속히 마련해야 합니다. 그러한 논
의와 해결방안이 가까운 미래에 만들어지지 않는다면, 정 위

원장이 경고하듯이 대한민국은 선진국의 지위에서 추락하고 말 것입니다.

  우리 사회가 현재와 같이 분열되어서는 골든타임 돌파가 어렵습니다. 국민이 통합하여 위기 극복의 의지를 다지기 위해서는 무엇보다 정치권이 앞장서야 합니다. 정치권이 분열과 반목을 극복하고 국민을 하나로 모아 갈 때 우리나라가 위기를 넘어설 돌파구가 마련될 것입니다.
  선배들이 일궈온 산업화와 민주화를 이어받아 더 나은 대한민국을 후세에 물려줄 의무가 우리에게는 있습니다. 현재의 골든타임을 슬기롭게 돌파한다면 대한민국은 더욱 강하고 살기 좋은 나라가 될 것입니다.

  다시 한번 책 출간을 축하하며 대한민국 골든타임 돌파 과정에서 정 위원장의 역할을 기대합니다. 감사합니다.

추천사

원희룡
국토교통부 장관

정승연 위원장의 책 출간을 진심으로 축하합니다.

이 책을 통해 1980년대 중반, 동시대에 대학을 다니며 민주화를 위해 치열하게 고민했던 저자의 고뇌와 삶의 궤적이 고스란히 느껴졌습니다.

저자는 일본에서 경제학 박사학위를 취득하고 현재는 인하대학교 국제통상학과에서 20년 가깝게 후학을 양성하고 있습니다. 지난 10년 동안 정치적 좌절을 겪으면서도 포기하지 않고, 젊어서의 꿈과 다짐대로 우리 사회의 변혁과 발전을 위해 정진하고 있습니다.

올해 봄에 정승연 위원장이 지역 주민대표들과 함께 국토교통부를 방문한 적이 있습니다. 당시 정승연 위원장은 연수구 원도심 지역 현안 해결을 위해 거리서명운동을 진행하는 등 '주민 숙원의 해결사' 역할을 톡톡히 하는 모습이 인상적이었습니다.

학계와 현장에서 갈고닦은 저자의 고뇌와 철학이 이 책에 아낌없이 담겨있습니다. 특히, 대한민국 위기의 원인 진단과 골든타임 돌파전략은 독자들에게 큰 혜안을 줄 것입니다.

위대한 역사를 만드는 것만큼이나, 위대한 역사를 지키고 발전시키는 것이 더욱 중요한 이 시대에 반드시 필요한 책이라 확신합니다.

책 출간을 다시 한번 축하드립니다.

추천사

권성동
국민의힘 전 원내대표(강릉시 국회의원)

정승연 위원장의 책 출간을 진심으로 축하합니다. 저는 이 책에서 짧은 기간에 산업화와 민주화를 동시에 달성한 대한민국이 현재 심각한 위기에 직면했다는 저자의 말에 공감합니다. 또한 우리 모두 위기 극복을 위한 힘을 모아야 할 마지막 골든타임이라는 통찰에도 뜻을 같이합니다.

정 위원장은 지난 정부에서 법치가 흔들리며 사법부의 위신이 떨어졌고 포퓰리즘이 득세하며 합리성이 실종되었다는 점을 지적하고 있습니다. 법치가 바로 서지 않고는 대한민국이 한 발짝도 앞으로 나아가기 어렵습니다. 또한 세금을 물 쓰듯 사용하는 포퓰리즘을 막지 않고서는 미래를 기약할 수 없습니다.

그런 의미에서 현재 윤석열 정부는 공정과 상식에 입각하여 법치를 바로 세우고 재정 건전화를 위해 각고의 노력을 하고 있습니다. 이 노력은 국민들의 인기를 얻기는 어렵습니다만 대한민국의 미래를 위해서는 반드시 추진해서 성공시켜야 합니다.

또한 "민주공화국" 대한민국에서 민주주의와 함께 공화주의의 가치를 높여야 한다는 주장도 시의적절합니다. 정치 양극화가 심화되고 있는 오늘날, 공정과 공공선과 같은 공화주의의 가치를 더욱 중시해야 하리라 생각합니다.

대한민국이 직면한 시대 과제 해결을 위한 저자의 고민과 고찰이 제대로 실현되기를 바라며, 그 과정에서 정승연 위원장이 큰 역할을 해주길 기원합니다. 감사합니다.

들어가며

　골든타임(golden time)이란 재난이나 사고 발생 시 인명을 구조할 수 있는 최소한의 시간대를 말한다. 다시 말해 외상을 입었을 때 긴급 치료를 통해서 죽음에 이르는 것을 방지할 가능성이 가장 큰 시간대를 일컫는다.

　2023년 오늘의 대한민국을 돌아본다. 일제강점으로부터 해방된 지는 80년 가까이 흘렀고, 민족상잔의 비극 한국전쟁이 끝나고는 70년이 흘렀다. 그동안 4·19와 5·16을 겪으며 격동의 시간을 보냈고, 산업화와 민주화를 압축해서 달성했다. 피식민지 국가였던 대한민국이 극도로 어려웠던 시기를 거치며 이렇게 짧은 기간에 선진국의 반열에 오른 것은 세계에서 그 유례를 찾아볼 수 없는 기적이다.

　하지만 오늘날의 대한민국은 심각한 위기에 빠져있다. 인권과 평등권이 신장했다고 하나 사회 곳곳에서 여전히 특권과 반칙이 난무한다. 사회 지도층의 오만과 횡포로 법치가 흔들리고, 정치권은 증오와 분열을 조장한다. 이는 정치 불신을 넘어 국가 위기로 다가오고 있다.

　코로나 3년을 겪으며 극도로 어려워진 민생 앞에서 사회 각 분야로부터 경고음이 들린다. 지나친 사교육 속에 교권이 크게 흔들리고, 눈앞의 이익을 좇는 포퓰리즘(populism)이 만연하여 미래 성장동력이 사라진다. 이는 특히 젊은이들을 좌절시키고 국민들의 희망을 앗아간다. "현대사의 기적"이라 칭송받던 나라가 총체적 위기에 빠져있는 것이다.

　이제 이 위기로부터 벗어나지 못한다면 대한민국은 다시 일어설 수 없을 것이다. 이 위기를 속히 돌파하지 못하면, 허울 좋은 선진국에 진입하자마자 주저앉아 다시는 회복할 수 없는 나라가 되고 말 것이다. 그야말로 대한민국은 골든타임에 직면해 있는 것이다. 그리고 그 골든타임은 많이 주어져 있지 않다. 짧게는 5년 길어도 10년 내에 위기를 돌파하지 않으면 대한민국의 미래는 없다.

대한민국호(號)가 엄중한 위기를 돌파하기 위해서는 정치가 바로 서야 한다. 정치가 국민들과 위기의 본질을 공유하고 위기 돌파의 방법을 찾아야 한다. 정치는 한 사회가 맞닥뜨린 공동의 과제를 슬기롭게 풀어내는 기예(技藝)여야 하지만, 현재의 우리 정치는 그 기능을 상실했다.

정치를 바꾸려면 국민이 나설 수밖에 없다. 선거를 통해서 사람을 바꾸는 것이 우선이지만 거기에 만족하지 말고 정치의 문화와 제도 자체를 바꾸도록 국민이 나서야 한다. 이를 통해서 정치가 바로 설 때 대한민국 위기 돌파의 방향이 보이고 힘이 모일 것이다.

골든타임에 빠져있는 대한민국의 위기는 무엇인가, 과연 위기 돌파를 위한 국가 책략은 있는가, 이를 위해 정치는 무엇을

해야 하는가.

  이 책은 그간의 이러한 고민들을 정리한 것이다. 이 책에 기술한 내용을 통해 골든타임에 빠져있는 대한민국의 현주소와 거기서 벗어날 방책들에 대해 시민들과 함께 공유하고 논의하고자 한다.

2023년 개천절 아침

동춘동에서

정승연

CONTENTS

2장 / 골든타임 돌파를 위한 국가 전략

1장

대한민국 위기의 원인 진단

한국인의 낮은 행복도와 사회적 고립

1876년 문호 개방 이후 1953년 한국전쟁의 휴전까지 한국인은 극한의 수난을 경험했다. 식민과 수탈, 분단과 전쟁, 폐허와 가난의 고통을 견뎌야 했다. 대한민국은 1963년 1인당 국민소득이 87달러였던 최빈국이었다. 이런 역경을 딛고 1960년대 중반 산업화를 시작해 30여 년 만에 선진국 클럽인 OECD(경제협력개발기구)에 가입했다. 한국은 2차 세계대전 이후 독립한 150여 개 국가 중 산업화에 성공한 유일한 나라다.[1]

세계인들은 지금 한국의 K-팝, K-드라마에 주목하며 찬사를 보내고 있으며, 대한민국의 눈부신 경제성장에 놀라워하

1] 한국의 새 길을 찾는 원로 그룹, 『한국의 새 길을 찾다』, 청림출판, 2023.

고 있다.[2] 한국은 선박 건조 세계 1위, 초고속 인터넷망 구축 OECD 국가 중 1위, 국민의 정보통신 활용 수준 역시 세계 1위다. 또한 자동차 생산 세계 5위이며, 2022년 기준 GDP(국내총생산) 세계 13위 국가다.

현대중공업 울산조선소 전경 / 현대중공업 제공

그러나 급속한 한국의 경제성장 이면에는 부정적인 측면도 많다. OECD 38개국 중 한국은 자살률 1위인데 특히 청소년과

2] 김시우 외, 『추월의 시대』, 메디치, 2020.

노인 자살률이 높고, 노인 빈곤율 역시 가장 높다. 저출산율, 고령화, 낙태율, 성형수술 비율, 고소·고발 무고 건수, 존비속 살인 상해율, 고아 수출 등에서 세계 1위다.

이러한 수치를 반영하듯 대한민국 국민들은 상대적으로 행복하다고 느끼지 못한다. 이와 관련하여 2023년 7월 6일 질병관리청의 공식 학술지에 실린 한 연구보고서가 주목을 끈다.[3] 연구팀은 2015년 지역사회건강조사에 참여한 19세 이상 성인 22만6545명(남성 10만2284명, 여성 12만4261명)을 대상으로 행복지수와 주관적 행복감에 영향을 주는 요인을 분석했다.

그 결과, 전체 조사대상의 행복지수는 10점 만점에 6.68점을 기록했다. 주관적으로 행복하다고 느끼는 비율은 전체의 34.7%였다. 성별로는 남성이 35.4%로 여성(34.2%)을 근소하게 앞섰다.

주관적 행복감 인지율을 생애주기별(연령별)로 나눠보면, 19~44세(39.5%), 45~64세(35.3%), 65~74세(29.7%), 75세 이상(25.7%) 등으로 나이가 많아질수록 낮아지는 양상을 보였다. 학력별로는 무학·초등학교(25.0%), 중고등학교(32.3%), 대학교 이상(44.1%) 등이었고, 가구소득 별로는 월 99만 원 이하

---

3) 설로마·전진호, '생애주기별 한국인의 행복지수 영향 요인', 「주간 건강과 질병」, 2023.

2023 세계 행복지수 순위
(2020~2022년 설문자료 기반)

국가	순위	지수
핀란드	①	7.804
덴마크	②	7.586
아이슬란드	③	7.530
이스라엘	④	7.473
네덜란드	⑤	7.403
스웨덴	⑥	7.395
노르웨이	⑦	7.315
스위스	⑧	7.240
룩셈부르크	⑨	7.228
뉴질랜드	⑩	7.123
⋮		
미국	⑮	6.894
독일	⑯	6.892
영국	⑲	6.796
프랑스	㉑	6.661
싱가포르	㉕	6.587
사우디아라비아	㉚	6.463
스페인	㉜	6.436
이탈리아	㉝	6.405
멕시코	㊱	6.330
⋮		
일본	㊼	6.129
⋮		
한국	㊶	5.951
중국	㊽	5.818
러시아	⑦⑩	5.661

「2023 세계행복보고서」, 유엔 지속가능발전해법네트워크(SDSN)

(23.1%), 월 100만~299만 원 이하(31.6%), 월 300만~499만 원 이하(39.8%), 월 500만 원 이상(49.1%) 등으로 교육 수준과 소득 수준이 낮을수록 삶의 만족감이 낮았다.

한편 올해 3월, 한국의 행복지수가 세계 137개국 중 57위로 OECD 회원국 중 최하위권이라는 유엔 산하기관의 보고서가 나왔다. 유엔 지속가능발전해법네트워크(SDSN)가 '국제 행복의 날(매년 3월 20일)'에 공개한 '세계행복보고서'에 따르면, 한국의 행복지수는 10점 만점에 5.951이다.

올해 보고서를 기준으로 OECD 회원국 가운데 한국보다 행복도 점수가 낮은 곳은 그리스(5.931점), 콜롬비아(5.630점), 튀르키예(4.614점) 등 세 나라뿐이었다. 이웃나라 일본은 47위(6.129점)로 한국보다 높았고, 중국은 64위(5.818점)로 한국보다 낮았다.

핀란드가 6년 연속 세계에서 가장 행복한 나라 1위(7.804점)에 올랐다. 덴마크도 연이어 2위(7.586점)를 지켰고 아이슬란드가 3위(7.53), 4위 이스라엘(7.473점), 5위 네덜란드(7.403점) 순이었다. 이어 6위 스웨덴(7.395점), 7위 노르웨이(7.315점), 8위 스위스(7.240점), 9위 룩셈부르크(7.228점), 10위 뉴질랜드(7.123)로 10위권에는 북유럽 국가들이 주를 이룬다. 이스라엘의 경우 지난해보다 5단계 올랐다. 반면 137개국 중 행복도 점수가 가장 낮은 나라는 아프가니스탄(1,859점)이었다. 주로 저개발 국가 또는 분쟁 지역이 하위권을 차지했다.

이를 보면 역사학자 유발 하라리의 지적이 크게 틀리지 않아 보인다. "한국은 한 세기 안에 파괴적인 전쟁과 식민 지배를 모두 겪었고, 매우 짧은 기간 만에 저개발 전통 사회에서 선진경제 국가이자 세계에서 가장 앞선 기술력을 가진 나라로 성장했다. 게다가 오늘날 정보기술과 바이오 기술 분야의 혁명을 선도하는 중이다. (……) GDP와 생활 수준이 극적으로 올라가는 동안 자살률도 치솟았다.

그래서 오늘날 한국은 선진국 중 최고, 세계 전체로 보아도 가장 높은 수준에 육박하는 자살률을 기록하고 있다. 한국은 행복도에 대한 조사에서도 멕시코, 콜롬비아, 태국 등 경제적으로 더 어려운 나라보다 뒤처져 있다. 이는 가장 널리 통용되는 역사 법칙의 어두운 한 단면을 보여준다. 말하자면 인간은 권력을 획득하는 데는 매우 능하지만 권력을 행복으로 전환하는 데는 그리 능하지 못하다는 것이다."[4]

---

4) 유발 하라리, 『사피엔스』, 김영사, 2015.

한국인의 '사회적 고립도' 수준 역시 하위권이다.[5] 유엔 지속가능발전해법네트워크가 공개한 보고서에서 '곤란한 상황에서 도움을 청할 수 있는 친구나 친지가 있는가'란 질문에 '없다'고 응답한 비율은 한국이 18.9%를 차지했다. 이는 OECD 회원국 중 4번째로 높은 순위로, 한국보다 고립도가 심한 나라는 콜롬비아(20.7%), 멕시코(22.1%), 튀르키예(26.4%) 등 3곳뿐이었다.

특히 코로나19 팬데믹 3년을 거치면서 거리두기·도시봉쇄 등으로 사회적 고립이 더욱 심해진 것으로 파악된다. 올해 1월에 발표된 서울시 조사 결과에 따르면 서울에 거주 중인 고립·은둔 청년은 13만 명이며 코로나 이후 고독사 사망자 숫자도 3,159명으로 지난해보다 20% 증가했다.

고립 위험성이 높은 경력 단절 여성과 장애인의 낮은 고용률 문제도 여전하다. 통계청에 따르면 여성의 경력 단절 지속기간은 매년 상승해 지난해 9.1년으로 역대 최고치를 기록했다. 장애인 고용률 역시 지난해 기준 34.6%로 전년보다 0.3% 포인트 하락했다.

이 같은 사회적 고립은 국민 행복수준을 저해하는 주된 요

5] 신정인, 「대한민국행복진단서② : '취준생·고독사' 5명 중 1명 사회적 고립」, 『뉴스핌』, 2023년 3월 28일.

소로 꼽힌다. 고립도가 높은 1인 가구의 경우 다인 가구보다 우울증이나 극단 선택의 위험이 높게 나타났다. 지난해 8월 발표된 보건복지부 통계에 따르면 1인 가구의 우울 위험군이 23.3%로 2인 이상 가구(15.6%)에 비해 높았으며, 자살 생각률 역시 1인 가구가 18.2%로 2인 이상 가구(11.6%)에 비해 1.5배 높았다.

보건복지부와 한국생명존중희망재단이 지난 6월 발간한 자살예방백서에 따르면 2021년 기준 우리나라 자살 사망자는 총 1만3,352명으로 이 가운데 20~39세 청년이 25.6%를 차지했다. 5년 전인 2016년(22.6%)과 비교하면 3.1%포인트 증가했다.

20대 자살이 눈에 띄게 증가했다. 스스로 목숨을 끊은 20대 사망자는 2016년 1,097명에서 매년 급증해 2021년 1,579명으로 증가했다. 5년간 증가율은 43.9%에 달했는데, 이는 10대(23.8%), 30대(-0.8%), 40대(-10.9%), 50대(-4.0%), 60대(9.4%) 등 다른 연령과 비교할 때 높은 수준이다.

최근 1년간 실제 자살을 시도해 본 인구 비율 역시 20대가 단연 높았다. 19~29세 청년기 인구 자살 시도 비율은 1.3%로 집계됐다. 장년기(30~49세)와 노년기(65세 이상)가 각각 0.4%, 중년기(50~64세)가 0.1%라는 점을 감안하면 월등하게 높다.

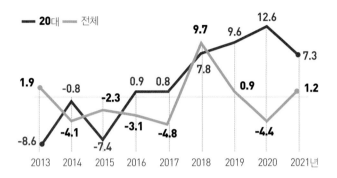

<표> 우리나라 20대 자살 증감률 추이

(단위: %)

━ **20대** ━ 전체

「2023 자살예방백서」, 한국생명존중희망재단

꽃다운 청춘들이 극단적 선택을 하는 것은 정신과적 문제 (54.4%)가 가장 컸지만, 생활고 등 경제 문제(18.9%) 역시 상당한 비중을 차지했다. 경기 불황과 극심한 취업난 속에 우울증 등 정신과적 문제를 겪는 청년들이 대폭 늘며 자살률 증가가 치솟는 상황에서 청년 5명 중 1명이 경제적 문제를 직접적인 자살 원인으로 꼽았을 만큼 청년층 빈곤 문제가 심각해진 것이다.

실제 청년들이 체감하는 경제적 고통은 다른 연령대보다 훨씬 크다. 전국경제인연합회가 실업률과 물가상승률을 더해 국민의 경제적 어려움을 수치화한 '경제고통지수'를 지난해 상반기 기준으로 산출한 결과 15~29세 청년은 25.1로 전 연령대

가운데 가장 높았다. 30대는 14.4, 40대는 12.5, 50대는 13.3, 60대는 16.1로 비교적 안정적이었다.

꽃다운 생을 마감한 청년 5명 중 1명이 자살 이유로 경제 문제를 꼽을 정도로 취업난·빈곤 문제가 심각하지만, 정부 정책은 지지부진하다. 정부가 매년 자살률을 낮추기 위한 자살 예방 기본계획 등을 수립하고 있지만, 청년층에서만큼은 정책 효과가 나타나지 않고 있다. 청년들의 일자리·주거와 관련된 빈곤 문제가 비혼, 저출산으로 이어지다 못해 이젠 자살 급증으로 비화하고 있다.

그러나 정부와 정치권의 정책의 초점은 상대적으로 노인과 청소년에게 쏠려 있어 청년들의 심각한 상황이 방치되고 있다. 20대의 자살 증가율이 높아지는 것을 개인의 비극으로만 해석하는 관습에 빠진 사회는 자살률의 고공행진을 멈추기 위한 방법을 찾아낼 수 없을 것이다.[6]

6] 노명우, 『세상 물정의 사회학』, 사계절, 2013.

국가가 사람을 위해 만들어졌지,
사람이 국가를 위해 만들어지지 않았다.

– 알베르트 아인슈타인

특권과 반칙의 저신뢰 사회

사회문화는 주로 사람들의 생활 방식을 의미하는데, 선진 사회문화는 특히 신뢰가 높고 법과 질서가 준수된다는 특징을 갖는다. 한국 사회문화 선진화의 우선 과제는 신뢰의 형성과 법치의 실현이다. 신뢰는 규범을 토대로 형성되는 것이며, 사회 규범의 핵심적인 부분은 법 제도로 공식화된다.[7]

신뢰 사회는 법과 규범이 지켜지는 품격 있는 사회다. 국가 운영의 기본 원리인 법치가 제대로 실현되지 않으면 신뢰를 기대하기 어렵다. 또한 법령과 규범을 존중하는 신뢰 사회는 법치의 기반이 된다. 사회에서 구성원들이 서로 공통의 규

7] 정병석, 『대한민국은 왜 무너지는가』, 매일경제신문사, 2021.

범과 가치를 존중할 것이라는 믿음이 없으면 신뢰가 형성되지 않고 아무리 좋은 제도나 시스템이더라도 제대로 작동하지 않는다.

대한민국은 1948년 헌법을 제정한 이래 각 분야에 걸쳐 선진적인 제도를 마련해 왔다. 이렇게 법 제도를 만드는 데 집중했으나, 그 제도의 확실한 시행이나 성과 달성, 사회문화의 선진화에는 소홀했다.[8] 법 제도를 운영하는 당사자가 신의에 따라 성실하게 직분을 다하도록 신뢰하며 권한을 주고, 지도층을 비롯한 국민들이 법 제도를 준수하고 위반 시 제재하는 문화 형성도 미흡했다.

유감스럽게도 우리나라의 경우, 국가는 지도층부터 법을 지키며 공정하게 법질서를 집행한다는 국민의 신뢰를 얻지 못했다. 이런 후진적인 저신뢰 문제가 법 제도의 효율적인 운영을 어렵게 하며, 자유민주주의와 시장경제 체제가 효율적으로 작동하지 못하게 한다. 개인의 자유와 권리도 지킬 수 없다.

국제정치학자 프랜시스 후쿠야마는 『트러스트(Trust)』라는 책에서, 사회문화의 핵심 요소를 신뢰로 규정하고, 한 사회가 가

---

8) 도정일 외, 『다시 민주주의를 말한다』, 휴머니스트, 2010.

진 사회 수준에 의해 국가 발전이 결정된다고 규정했다.[9] 그는 고신뢰 사회의 예로서 미국, 독일, 일본을 제시한 반면, 저신뢰 사회의 예로는 프랑스, 이탈리아, 중국과 한국의 대기업을 들었다.

고신뢰 사회에서는 신뢰에 기반하여 강력한 권한을 주는 대신 결과에 대하여 분명한 책임을 지게 한다. 후쿠야마는 한국의 기업 경영에서는 사람을 근본적으로 믿지 못하기 때문에 일부 대기업에 전문 경영인보다 가족을 더 신뢰해 족벌 경영의 잔재가 남아 있다고 지적했다. 공공분야도 마찬가지다. 신뢰 부족으로 군대, 경찰, 일선 관공서 공무원에게 재량권이 위임되지 않는다.

위임과 신뢰의 경험이 부족해 주어진 권한을 소신껏 행사하지 못한다. 그러므로 권한과 책임이 함께 가지 않는다. 긴급 재난이 발생해도 일선 책임자들이 현장에서 소신 있게 즉각 처리하지 못하고 상부에 보고하여 지침을 받느라 귀중한 시간을 허비한다. 각 단계가 지닌 권한과 책임이 작고 불명확해 시간이 지체되고 제대로 된 의사 결정이 어렵다.

저신뢰 사회는 우리 국민이 만들었다기보다 한국의 엘리트

9] 프랜시스 후쿠야마, 『트러스트』, 한국경제신문, 1996.

계층이 만들었다고 보는 것이 타당하다.[10] 한국 사회의 '신뢰' 지수가 세계 하위권에 머무르는 가운데, 특히 사법부, 군, 정치인, 정부 등 공적 기관에 대한 신뢰가 매우 낮기 때문이다.

전국경제인연합회 산하 한국경제연구원은 '2023 레가툼 번영지수'를 분석한 결과, 우리나라의 사회적 자본 지수는 167개국 가운데 107위로 종합 순위 29위에 비해 크게 뒤떨어져 있어 개인·사회의 신뢰가 매우 낮은 상황이라고 밝혔다. 레가툼 번영지수는 영국 싱크탱크 레가툼(Legatum)이 조사해 발표하는 세계번영지수인데, 주로 사회적 자본·안전·안보·경제·기업 환경 등 아홉 가지 지표를 기준으로 매년 각국의 순위를 매긴다. 여기서 사회적 자본이란 구성원 간 협력을 가능하게 하는 제도나 규범, 네트워크, 신뢰 등을 총괄하는 말이다.

사회적 자본 지수는 지난 2013년 95위에서 2023년 107위를 기록하며 10년간 12계단 하락했다. 이 수치는 베트남(19위), 필리핀(22위), 중국(31위)보다도 훨씬 낮은 것이다. 동아시아-태평양 국가 중에서 우리나라의 사회적 자본 지수는 18개국 중 15위로 최하위권으로 나타나 사회적 신뢰가 무너졌다고 볼

---

10) 조희완, 『신징비록』, 구암, 2018.

수 있다.

공적 기관에 대한 신뢰 지수도 낮다. 기관에 대한 신뢰 분야의 순위는 조사대상 167개국 중 100위를 기록했다. 공적 부문의 신뢰 저하에 따른 영향으로 거짓말 범죄로 불리는 '사기 · 무고 · 위증'에 대한 고소 · 고발도 크게 증가하고 있다. 최근 한국 사회를 뒤흔드는 바가지 · 사기 · 주가조작 등의 문제는 사회적 자본인 신뢰가 떨어지면서 발생하고 있다. 서로를 믿지 못하다 보니 이로 인한 불신과 갈등이 커지고, 타인을 속여 자신의 이득을 얻으려는 이들이 늘어난 것이다.[11]

검찰 통계 시스템에 따르면 고소사건 접수 현황 및 추이는 2011년 51만8489건에서 2020년 63만5862건으로 증가했다. 9년 만에 12만 건 가까이 늘어났다. 고소사건 대부분을 차지하는 범죄는 사기 등 재산범죄다. 다만 2021년부터는 검찰과 경찰의 수사권 조정으로 경찰의 불송치 및 수사 종결이 가능해지면서 고소사건의 수는 일시적으로 줄어들었다.

개인 간의 대인신뢰도 역시 떨어졌다. 통계청이 지난해 발간한 '국민 삶의 질 2021 보고서'에 따르면 일반적인 사람에

---

11) NEWSIS 기사, 2023.3.9.

대해 '믿을 수 있다'는 사람의 비율을 뜻하는 대인신뢰도는 2020년 50.3%로 1년 전보다 15.9%포인트 하락했다. 조사가 시작된 2013년 이후 최저치다. 앞에서 언급한 사회적 고립도 역시 2021년 34.1%로 2019년보다 6.4%포인트 늘었다. 이 역시 조사 시작된 2009년 이후 최고치다.

국가	뉴질랜드	베트남	필리핀	태국	중국	대만	한국
사회적 자본 지수	2위	19위	22위	28위	31위	44위	107위
종합	10위	73위	84위	64위	54위	20위	29위

「사회적 자본인 '신뢰' 회복 위해 투명성 개선해야」, 한국경제연구원

사회적 자본 지수뿐만 아니라 공적 기관에 대한 신뢰 지수 역시 한국이 심각하게 낮다. 신뢰 분야 순위는 조사대상 167개국 중 100위를 기록했다. 세부 항목별로 ▷사법 시스템 155위 ▷군 132위 ▷정치인 114위 ▷정부 111위 등 대부분 하위권을 기록했다. 이 중 사법 시스템은 2013년 146위에서 2023년 155위로 아홉 계단 하락해, 이와 관련된 국민들의 신뢰가 더 악화했다.

일반 국민 상식에 반하는 사법부 판결이 법치주의 시스템에 대한 신뢰를 떨어트리는 주요인으로 지목됐다. 노조 등 비영리단체의 회계 투명성 논란도 한국의 사회적 신뢰 수준을 동아시아-태평양 최하위권으로 몰아간 것으로 분석됐다. 전반적인 삶의 질은 글로벌 국가들과 비교할 때 양호한 편이지만, 사법 시스템과 정부 및 비영리단체에 대한 불신이 강화되면서 사회 투명성 악화에 따른 불신이 팽배해지고 있는 것이다.

우리나라의 사회적 신뢰가 훼손되는 현상을 주도하는 것이 국가 기관이거나 정치인, 전·현직 국회의원 등으로 최근에도 전·현직 국회의원에 대한 일반 국민들의 상식에 반하는 사법부의 판결이 이어지고 있어, 왜 기관에 대한 신뢰가 낮아지고 있는지 뚜렷하게 알 수 있다.

신뢰의 필수적인 조건은 '투명성'으로, 신뢰를 회복하기 위해서는 무엇보다 투명성의 개선이 필요하다. 문재인 정부의 통계 조작과 비영리단체의 회계 불투명성 같은 논란을 해소하기 위해서는 정부의 공공정보 공개제도 확대와 비영리단체의 회계 투명성 확보가 필요하다. 사회적 자본인 신뢰가 회복될 수 있도록 정부와 비영리단체의 투명성이 개선되고 법치주의가 확립되어야 한다.

사회적 자본인 신뢰는 경제성장을 제고한다. 신뢰는 사회통합기반의 강화 등 여러 유용한 기능을 발휘하기 때문에 우리 사회의 미래를 위해서는 무너진 신뢰의 회복이 시급하다. 또한 신뢰는 관용을 베풀게 하고, 정치적 차이를 정당한 것으로 받아들이게 해 갈등과 문제 해결을 위한 정치적 비용을 줄인다.

한국목회데이터연구소가 2022년 3월 15일에 발표한 우리나라의 갈등 지수에 따르면, OECD 국가 중 3번째로 높은 것으로 나타났다. 우리나라 국민의 89%가 한국 사회의 갈등이 '심각하다'고 생각하는 것으로 나타났다. 특히 한국 사회에서 일어나는 모든 갈등 중 가장 심각한 갈등은 '이념 갈등'으로 나타났다.

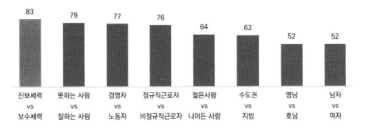

<표> 우리 사회 집단 간 갈등의 심각성 인식
'심각하다' 비율 (2021년 기준, %)

진보세력 vs 보수세력	못하는 사람 vs 잘하는 사람	경영자 vs 노동자	정규직근로자 vs 비정규직근로자	젊은사람 vs 나이든 사람	수도권 vs 지방	영남 vs 호남	남자 vs 여자
83	79	77	76	64	63	52	52

한국사회갈등해소센터 한국리서치, 2021 한국인의 공공갈등 의식조사

위 발표에 따르면 우리 국민들은 대체로 사회적 갈등을 해소하는 데 정치권이 제 역할을 하지 못한다고 생각하는 것으로 나타났다. 국민들은 사회 갈등의 가장 큰 책임이 국회, 언론, 법조계에 있는데, 이들이 갈등 해소 노력을 제대로 하지 않는다는 불신을 갖고 있다.

정치의 으뜸가는 요체는
국민의 신망을 얻는 것이다.

– 공자

부패인식지수와 정치 불신

   독일 베를린에 본부를 두고 있는 세계적인 반부패운동 단체인 국제투명성기구는 올해 1월에 2022년 국가별 부패인식지수(Corruption Perceptions Index, CPI)를 발표했다. 우리나라는 100점 만점에 63점으로 지난해보다 1점이 상승했으며, 국가 순위는 전체 180개 조사대상국 가운데 31위를 차지하여 한 계단 상승했다. OECD 38개국 중에서는 22위로 지난해와 같은 순위를 차지했다.

<표> 한국의 부패인식지수(CPI) 변화 추이(1995-2022)

연도	CPI점수	순위	조사국가수	연도	CPI점수	순위	조사국가수
1995	4.29/10	27	41	2009	5.5	39	180
1996	5.02	27	54	2010	5.4	39	178
1997	4.29	34	52	2011	5.4	43	183
1998	4.2	43	85	2012	56/100	45	176

1999	3.8	50	99	2013	55	46	177
2000	4.0	48	101	2014	55	44	175
2001	4.2	42	91	2015	54	43	168
2002	4.5	40	102	2016	53	52	176
2003	4.3	50	133	2017	54	51	180
2004	4.5	47	146	2018	57	45	180
2005	5.0	40	159	2019	59	39	180
2006	5.1	42	163	2020	61	33	180
2007	5.1	43	180	2021	62	32	180
2008	5.6	40	180	2022	63	31	180

주) CPI점수는 2011년까지 10점 만점으로 계산되었으나 2012년 이후 100점 만점으로 계산했다. 따라서 0점이 가장 부패하고 100점이 가장 청렴하다. 국제투명성기구, 2023.1.31.

2017년부터 지난 6년 동안의 결과를 살펴보면 우리나라의 부패인식지수는 9점 상승했고 순위는 20계단 상승했다. 부패 인식지수와 관련 지난해 12월 15일 윤석열 대통령 주재로 열린 제1차 국정과제 점검 회의에서 한덕수 국무총리는 "국가 청렴도 지수 20위권을 달성하는 등 깨끗하고 투명한 사회를 구현하겠다."는 목표를 밝힌 바 있다.

세계적으로는 덴마크가 90점으로 1위를 차지했고, 핀란드 · 뉴질랜드가 87점으로 공동 2위, 노르웨이가 84점으로 4위, 싱가포르 · 스웨덴이 83점으로 공동 5위를 차지했다. 아시아-태평양 국가들에서는 뉴질랜드, 싱가포르에 이어 홍콩(76

점, 12위), 일본(73점, 18위), 타이완(68점, 25위) 등이 우리나라보다 좋은 평가를 받았다. 소말리아는 12점으로 최하위인 180위를 기록했으며, 시리아와 남수단은 13점으로 공동 178위, 베네수엘라는 14점으로 177위에 그쳤다.

부패인식지수(CPI)는 공공부문의 부패에 대한 전문가와 기업인의 인식을 반영하여 이를 100점 만점으로 환산한다. 국제투명성기구는 올해 부패인식지수 발표에서 점수에 반영된 총 13개의 원천자료를 공개했는데 우리나라의 경우 세계경제포럼의 국가경쟁력지수 등 10개 자료가 적용되었다. 부패인식지수는 70점대를 '사회가 전반적으로 투명한 상태'로 평가하며, 50점대는 '절대부패로부터 벗어난 정도'로 해석된다. 국제투명성기구는 부패인식지수 세계 평균이 11년 연속 43점으로 변함이 없으며, 3분의 2 이상의 국가가 심각한 부패 문제를 안고 있어 점수가 50 미만이라고 밝혔다.

2022년 우리나라의 부패인식지수에서 가장 두드러진 특징은 공적자금과 관련한 청렴도가 크게 개선되었으나, 공직사회와 관련된 지표들이 하락했고 개선되던 경제활동 관련 지표들이 하락으로 돌아섰다는 점이다. 2022년 부패인식지수 점수는 상승했으나 상승폭이 둔화되었고, 주요지표들에서 오히려 하락하는 모습을 보인 것은 공직사회를 비롯한 중요한 사회영역의 반부패 청렴 문화가 흔들리고 있는 것이 아닌가 하는 우려를 낳게 한다.

아울러 사회 전반의 부패 정도와 관련한 지표들은 개선되었지만, 국제비교에서는 여전히 낮은 점수다. 사회 전반의 부패를 추방할 수 있는 제도가 제대로 실행되고 있는지 점검이 필요하다. 부패를 제어할 수 있는 정책 도입이나 정부의 집행력은 사회 전반의 반부패 문화와 깊은 관련을 가지면서 작동한다. 이런 점에서 사회 전반의 부패 수준을 개선하기 위해서는 제도와 정책 집행, 그리고 사회 전반의 청렴 문화가 형성되어 있어야 한다. 따라서 사회 전반에 반부패 청렴 문화를 확산시키기 위한 교육과 같은 노력이 필요하다. 정부의 노력과 함께 민간의 노력, 민관협력을 통한 사회 공동노력이 중요한 것이다.

부패인식지수에서 우리나라의 순위가 31위로 올라서면서 상승추세가 지속되었지만 세계 10위권의 경제력 등 우리나라의 위상에 비추면 여전히 낮은 수준이다. 청렴한 선진국으로 가기 위해서는 최근 몇 년 사이의 상승추세가 꺾이지 않고 지속되도록 박차를 가해야 한다. 정부뿐만 아니라 국회와 사법부 등 각계각층이 함께 협력하여 흔들림 없이 반부패정책과제를 수립하고 이행해야 한다.

한편, 2019년 OECD에서 발표한 국제 비즈니스 조사 결과, 한국 기업의 43%가 비리나 부정행위에 직면한 적이 있다는 결과가 도출된 바 있다. 이는 OECD 평균인 28%보다 매우 높은 수치임에 주목할 필요가 있다.

또한 같은 해 대법원에서 발표한 조사에 따르면, 국내 기업에서 직원들의 내부 고발이 적극적으로 이루어지지 않고, 직원들의 56%가 부당한 직장 내 차별이나 부정부패 등의 문제에 직면한 경험이 있다고 답한 결과가 나왔다.

대한민국 청렴도 조사 결과에 따르면, 한국 국민들이 청렴한 사회 구현을 위해 노력하고 있다는 인식은 높아졌지만, 현실적인 청렴과 관련된 지수는 여전히 낮은 것으로 나타났다.

이러한 조사 결과들은 한국인의 부패 문제가 여전히 심각하게 존재하고 있다는 것을 보여준다. 대한민국 국민 개개인의 윤리 수준 개선과 사회문화 전반에 걸쳐 청렴도가 향상되도록 다양한 활동을 전개해야 할 것이다. 부정과 부패가 사회발전을 가로막는 일을 제거하고, 공익성과 합리성을 강화해야만

선진국이 될 수 있다.[12]

그리고, 정치와 국민행복지수의 상관성을 묻는 질문에 국민
행복지수를 끌어내리는 주범이 정치라는 뼈아픈 진단이 나왔
다. 세계가치관조사(World Value Survey · 2005~2014년)에 따르면,
국회 · 의회 불신 정도는 한국은 평균 74%로, 독일(62%), 네
덜란드(58.5%), 뉴질랜드(57.5%)에 비해 높고, 미국(75%), 일본
(76.5%), 대만(76%)과 비슷했다. 의회 불신이 우리나라만 겪는
문제는 아니지만, 독일과 네덜란드, 뉴질랜드, 스웨덴, 핀란
드 등 국가가 50% 안팎임을 고려하면 불신 정도가 높은 편으
로 해석된다.

주요 선진국 국회 · 의회 선거 투표율만 살펴봐도 짐작할
수 있다. 한국의 경우, 2020년 제21대 국회의원 선거 투표율
은 66.2%다. 호주 89.8%(2022 연방 선거), 덴마크 84.1%(2022 의
회 선거), 스웨덴 84.1%(2022 의회 총선), 독일 76.6%(2021 총선),
핀란드 72.1%(2019 의회 총선) 등 정치 불신도가 낮은 국가들에
비하면 투표율이 상대적으로 낮다.

12) 박노자,『나를 배반한 역사』, 인물과사상사, 2003.

이 투표율마저도 정치 신뢰가 아닌 진영 싸움 참전이란 정치적 욕망이 표출된 결과라는 해석이 나온다. 정치가 투쟁의 장으로 변질되면서 너도나도 이 투쟁의 장에 뛰어들겠다는 정치적 욕망이 커졌다. 이것이 정치 불신이 커지는데도 오히려 투표율이 오르는 현상으로 나타난 것이다.

<표> 주요국 의회의 신뢰도 추이

국가	미국	한국	뉴질랜드	독일	스웨덴
6차 조사 (2010–2014)	20.2	25.5	35.7	43.5	59.3
7차 조사 (2017–2020)	14.8	20.1	38.9	42.3	n/a

문제는 한국 사회의 정치 불신이 향후 더 높아질 것이란 암울한 전망이다. 국회미래연구원 예측에 따르면, 현 추세가 지속될 경우 국회 신뢰도는 2050년까지 20% 더 악화할 수 있다. 더 이상 나빠질 수 없을 만큼 신뢰도 최저치에 도달할 것이란 경고가 나온다.

민주화 이후 우리 정치는 더 발전하지 못하고 오히려 퇴보하고 있다. 국회는 행정부 견제라는 본연의 기능을 하지 못하고, 여와 야 진영 싸움만 하고 있다. 국민들의 정치 불신, 특히 국회에 대한 불신은 전 세계에서도 상당히 높은 편이다. 국민 의사가 국회나 정당을 통해 제대로 정책에 반영되지 않는다는 불신이 깊어지면, 정치 효능감이 하락한다. 구성원들이 처한 '불행한 현실'을 선거와 투표, 정치로 바꿀 수 없다는 비관적 인식이 확산되며 전반적으로 국민행복감이 내려가는 것이다.

부패한 정치는 부패한 국회의원을
선출했기 때문이요,
부패한 국회의원을 선출한 것은
부패한 국민인 까닭이다.

− 영국 격언

법치의 몰락과 공작 정치

법치는 민주주의의 다른 이름이다. 민주주의가 추구하는 최고의 가치가 국민의 자유와 권리의 보장이고, 국민의 자유와 권리를 지키기 위한 최선의 보장책이 바로 법치이기 때문이다.

마그나카르타

인류 역사의 대부분은 법치와 상반된 역사였다. 근대적인 의미에서 법치의 개념은 서유럽을 중심으로 발전했다. 그 기원은 1215년에 제정된 〈마그나카르타〉였다. 이후 법치는 구속적부심 제도, 고문의 폐지, 권리청원(1628), 권리장전(1968), 미국헌법(1787), 프랑스혁명(1789), UN인권선언(1948) 등으로 그 폭과 깊이를 더해왔다.

1787년 필라델피아 제헌회의 기록화

❖ 법치의 핵심 요소

첫째, 민주적 절차에 따라 제정된 법률에 의하지 않고는 국가를 비롯한 누구도 개인의 자유와 권리를 제한할 수 없다. 국왕이 절대권을 행사하던 전제군주 시절에도 법률은 있었다. 그러나 그 시대의 법률은 국왕의 절대권력 행사와 지배의 편의를 도모하기 위한 것이었지, 백성의 자유와 권익을 보호하기 위한 것은 아니었다. 절대권력자는 법 위에 있었고, 법률은 그의 통치 도구일 뿐이었다. 이 관계를 뒤집은 것이 바로 민주주의 혁명의 핵심이다. 민주주의 국가에서 법은 이제 국민이 주인이 되어 민주적 절차에 따라 제정되고, 이 법은 모든 국민에게 차별 없이 보편적으로 적용된다.

둘째, 법치의 핵심 요소는 법 앞의 평등이다. 법치를 말하면서 법 위에 군림하는 사람이 있거나 성역이 존재한다면, 법치는 깨지고 만다. 법 앞의 평등은 원하는 법이 누구에게나 동등하게 적용되어야 하는 원리일 뿐 아니라, 법이 누구에게는 유리하고 누구에게는 불리한 내용을 담을 수 없게 만드는 원리이기도 하다. 법률이 누구에게나 공평하다고 느껴질 때, 부당하고 불합리한 특혜나 차별이 없다고 느껴질 때, 사람들은 법률에 정당성을 부여한다. 이런 법률 체계 아래에서만 사람들은 자기 일에 최선을 다하게 된다. 또 이런 법률 체계 속에서만 부정부패와 비리가 사라지고, 정직을 최선의 정책으로 생각하게 된다.

셋째, 법치의 유지를 위해서는 강력한 보루가 필요한데, 그것이 삼권분립 체제 속의 사법부다. 민주국가에서 사법부의 독립성, 특히 사법부의 정치적 중립과 재판의 불편 부당성은 중요하다. 법원에서 판사들이 법조문을 올바로 해석하고 바르게 적용하지 않는다면, 법치는 허울에 불과하다. 정치와 행정의 영역에서도 그렇지만, 법 앞의 평등 원리가 더 철저히 적용되고 지켜져야 할 영역이 사법의 영역이다. 집권당이 바뀌면서 사법부의 입장이 영향을 받는다면, 이는 심각한 문제다. 삼권분립이라는 민주주의 제도의 기본을 파괴하는 행위이기 때문이다. 유전무죄 무전유죄나 전관예우라는 말이 잘 표현해주듯이, 힘 있고 돈 많은 사람이 유리한 취급을 받는다면, 이는 법치국가라고 할 수 없다.

넷째, 법치가 가장 먼저 그리고 철저히 적용되어야 할 대상은 국가 기관이다. 정부는 국가 권력을 행사하되 반드시 법률에 근거해 권력을 행사해야 한다. 기존 법률과 관습의 범위를 넘어서면 안 된다. 정부가 이 범위를 넘어서서 자의로 국가 권력을 행사한다면, 그 정부는 헌법적 제한을 넘어서는 무제한적 정부가 되고 만다. 그 국가에서 자유와 권리를 오롯이 향유할 수 있는 사람은 오직 집권 세력과 정치적 실력자들 말고는 없다. 이런 국가는 부정부패가 판치게 된다. 이것은 민주국가라고 할 수 없다. 만일 법률이 국민에 대해서는 강력한 구속력을 가지면서 국가 기관에 대해서는 구속력이 없거나 무력하다면, 국가는 무소불위의 존재가 되고 만다. 이것은 법치의 전면부정에 해당한다. 정치적 목적으로 검찰과 경찰이 동원되거나, 정보기관을 이용하여 부당하게 사찰을 강행한다거나 개인의 비리를 함부로 캐거나 세무사찰을 강행하는 방법으로 언론보도의 자유를 침해하는 등의 행위가 일어나는 국가가 온전한 법치국가이며 민주국가일 수 없다.

법은 인간의 생명을 존중하고 인간답게 살아가기 위해 당연히 지켜야 할 윤리와 규범을 정하며, 이를 통해 사회를 조정하고 다스린다. 무질서하고 폭력이 난무해 사람 살 곳이 못 되는 곳을 두고 무법천지라고 한다. 법이 없는 세상이 그렇다. 법치가 흔들린다는 것은 국가 근간을 흔드는 일이기에 법을 맡아 집행하고 실행하는 이들의 책임은 더할 나위 없이 크다. 하지만 안타깝게도 최근 우리나라는 이 법치가 심각하게 무너져있는 상황이다.

법치의 몰락을 보여준 대표적인 사례는 문재인 대통령 시절에 있었다. 울산시장 선거에 청와대가 적극적으로 개입한 의혹이 있었다. 문재인의 절친인 송철호는 정치인으로 입문한 후 8번이나 선거에서 패배했다. 문재인은 공개적으로 내 가장 큰 소원은 송철호의 당선이라고 말했는데, 그 소원은 결국 대통령이 된 후 이루어진다. 대통령의 뜻을 관철하기 위해 친노 정치인이 선거에 대거 동원되었다. 청와대와 경찰이 결탁한 공작 정치를 통해 결국 송철호는 2018년 9수 끝에 울산시장에 당선되었다.

선거 당시 경쟁당 후보는 그 지역 출신의 엘리트 판사 경력으로 이미 3선 국회의원을 지낸 후 시장에 당선된 김기현 현 국민의힘 당대표였다. 김기현은 당시 현직 시장으로서 업무 평가에서도 최상위권을 달리던 능력 있는 인물이었고, 선거 초기에 지지율 면에서도 송철호에 비해 15% 이상 높았기 때문에 재선이 유력시되고 있었다. 하지만 청와대의 하명 수사로 시작된 공작에 의해 큰 위기가 찾아왔다.

청와대는 퇴직 예정이었던 경찰공무원 황운하를 송철호의 지역구인 울산지방경찰청장으로 부임시켰다. 황운하는 송철호를 당선시키기 위한 경쟁자 죽이기 공작을 실행했다. 선거 기간 중임에도 불구하고 경찰이 현직 시장에 대한 비리 혐의를 수사한다면서 시장 측근들을 압수수색하여 기소함으로써 현직 시장의 이미지를 실추시켰다. 김기현은 결백을 호소했으나 유권자들은 그를 외면했고, 결국 송철호가 당선되었다.

그러나 선거가 끝난 후 경찰의 수사는 모두 무혐의로 종결되었다. 그렇지만 송철호의 승리는 번복되지 않았다. 공작을 지휘한 울산지방경찰청장 황운하는 친노의 공작을 실행한 비리 경찰로 비판받고 선거법 위반으로 고소를 당했지만, 친노들은 그를 국회의원으로 만들어 주었다. 이후 검찰은 수사 결과 이 모든 공작은 문재인 대통령이 청와대 직원들에게 송철호를 당선시키도록 요구하면서 시작되었다고 밝혔다. 청와대 민정수석 조국까지 가담했다는 의혹이 제기되었지만, 문재인은 검찰 수사팀을 해체하고 이들에게 모두 무혐의 처분을 내렸다.

울산시장선거에 청와대가 개입한 사건은 친노의 리더인 문재인의 개인적 욕망을 채우기 위해 불법적인 지시를 하고, 친노의 차세대 지도자이자 청와대 민정수석이었던 조국이 기획하고, 청와대 직원들과 경찰이 실행한 공작 정치의 전형이었다. 검찰 수사를 통해 이들의 공작 내용이 적나라하게 드러났으며, 검찰 수사를 받고 나온 청와대 수사관이 자살하는 사건까지 발생했다.

청와대의 공작 선거를 수사한 윤석열 검찰총장은 친노들이 찬양하던 검찰총장에서 하루아침에 배신자로 몰렸다. 대통령이 청와대 직원들을 정치적인 목적에 동원하려고 공작 정치를 자행한 사건은 대통령 탄핵과 하야까지 가능한 중대한 비리였으나, 친노들은 오히려 조국을 법무부 장관으로 임명하여 검찰을 무력화시키는 강공법을 택했다.

법무부는 불법적인 검찰 지휘를 통해 검찰의 공작선거수사팀을 해체하고, 수사 검사들을 먼 지방으로 좌천시킨 후 공작선거 관련자들 대부분을 무혐의 처분하고 사건을 종결했다. 물론 혐의가 드러난 핵심 인물들에 대한 기소와 재판은 여전히 진행 중인데, 김명수 대법원장 체제하에서 이 사건은 끈질기게 재판이 지연된 사례에 해당한다.[13]

서울중앙지법 형사 21-3부는 8월 28일 재판에서 "9월 4일에 피고인 신문을 하고 9월 11일 종결할 예정"이라고 밝혔다. 재판 종결절차에서는 검찰 구형과 최후 변론이 이뤄지며 이후 선고절차만 남게 된다. 결국 친노 세력은 집권 2기에 와서 검찰, 경찰, 법무부 그리고 사법부를 정권의 하수인으로 만들었으며, 이로써 대한민국의 법치를 몰락시켰다는 평가를 역사는 내릴 것이다.

---

13) 양은경, 「'울산선거 개입' 1심만 3년 8개월 끌었다… 내달 11일 종결」, 『조선일보』, 2023년 8월 28일.

법치의 몰락은 유전무죄, 무전유죄의 행태로도 이어지고 있다. 또 과연 우리는 법 앞에서 평등한지, 질문을 던질 수밖에 없다.[14] 그동안 대부분 재벌 회장의 재판은 지지부진했고, SK부터 현대, CJ에 이르기까지 재벌그룹 3세들은 마약 투약 혐의로 재판에 넘겨졌지만 징역형 집행유예를 선고받으면서 솜방망이 처벌을 받았다.

국민의 법 상식에 못 미치는 이해할 수 없는 판결도 많이 이어졌다. 세계 최대 아동 포르노 사이트를 운영하다 체포된 손정우에 대해 1심 판결은 징역 2년에 집행유예 3년, 2심 판결은 징역 1년 6개월을 판결했다. 손 씨는 이 징역형 덕분에 군복무를 면제받았다. 이 판결로 우리 사법부는 배고파서 달걀 18개를 훔친 생계형 범죄와 세계 최대 아동 포르노 사이트를 운영한 손정우가 같은 형량이라며 세계적인 비웃음거리가 됐다.

미국 사법당국은 손 씨를 미국에서 처벌받게 하겠다며 우리 정부에 범죄인 인도 청구를 해왔지만, 우리 재판부는 사법 주권을 이유로 이를 거부했다. 그런데 손 씨의 미국 인도를 거부한 강영수 수석부장판사는 과거 음주 뺑소니 사고 용의자의

---

14) JTBC 〈차이나는클라스〉 제작팀, 『차이나는 클라스-국가·법·리더·역사 편』, 중앙북스, 2018.

미국 인도는 허용했다. 이 때문에 청와대 국민청원 게시판에는 강영수 판사를 대법관 후보에서 제외해달라는 청원이 올라왔고, 무려 52만 명 이상이 이에 동의했다.

최근 인공지능(AI)으로 대체될 직업군에 판사도 거론되고 있다. 인터넷에는 판사를 AI로 바꾸라는 말이 심심찮게 올라온다. 왜 그럴까? 우리나라는 사법연수원에서는 우수한 성적순으로 판사에 임용된다. 한 마디로 머리 좋은 수재들이 판사가 되는 구조다. 그런데 머리 좋은 수재를 다른 말로 암기왕이라고 하고, 또 사회적 공감 능력이 떨어지는 사람이라고도 한다.

왜냐하면 판사가 되기 위해 어릴 때부터 시험에 합격하기 위한 공부에만 몰두하기 때문에 당연히 사람 사는 세상에 대한 경험이 일천할 수밖에 없다. 그리고 법에 대해서는 전문가이지만 그 외에는 문외한이다. 하지만 이들이 판결해야 하는 분야는 엄청나게 다양하고 또한 전문화돼 있다. 그러니 법전만 달달 외운다고 다양한 사회적 문제에 대해 시시비비를 제대로 가리고 유무죄를 판결하기에는 한계가 있는 것이다. 그러다 보니 사회적 정의와는 너무도 동떨어진 판결이 자주 나온다.

미국의 경우 다양한 경력을 가진 사람이 판사가 된다. 연방 행정법원 판사는 변호사 자격이 있어야 하지만, 일부 주의 행정법원 판사 및 기타 심리사무관의 경우 변호사 자격이 필요하지 않다. 미국은 판사를 선거로 뽑기도 하고, 주지사가 임명하기도 한다. 판사 자격을 강화하기 위한 다양한 과정과 다양한 채널로 판사를 충원하고 있고, 이에 대한 사회적 합의와 국민적인 지지를 얻고 있다. 여기에 배심원제가 어우러져서 소수의 법조 권력에 의해 판결이 좌우되지 않도록 하고 있다.

민주주의는 정지된 것이 아니라
영원히 계속되는 행진이다.

– 프랭클린 루즈벨트

386세대의 등장과 주사파의 탄생

대한민국은 건국 후 수많은 고난과 시련을 극복하며 산업화와 민주화에 성공했다. 하지만 민주화의 과제를 달성한 후 오히려 민주주의가 후퇴하고, 정치가 이미지와 선동에 의존하면서 팬덤과 진영의 집단 패거리에게 정치의 본령이 훼손당했다. 특히 386세대(586, 686으로도 불리는) 기득권 좌파의 이해 투쟁이 각 분야에서 악영향을 끼치면서 한국 사회를 극도의 분열과 혼돈 상태로 내몰고 있다.

나 역시 386세대에 속하는데 80년대 당시 어떤 일들이 벌어졌는가, 순수한 민주화운동으로 시작한 젊은이들이 왜 좌경화되고 주체사상에까지 물들었는가, 잠시 회상해 보고자 한다.

386은 1960년대에 태어난 사람 중 80년대에 대학을 다녔고, 90년대에 30대인 사람들을 지칭하는 용어다.[15] 세월이 지남에 따라 486, 586, 686 등 앞자리가 바뀌므로 86세대라고 칭하기도 한다. 86세대란 단순히 80년대 학번을 말한다기보다는 80년대 학생운동을 했던 사람들을 부르는 이름이다.

1980년 광주민주화운동 / 민주화운동기념사업회

15) 한홍구, 『대한민국사 4-386세대에서 한미FTA까지』, 한겨레출판, 2006.

12 · 12 군부 쿠데타와 광주민주화운동 진압을 통해 권력을 잡은 전두환 군부정권은 학생들을 폭력적으로 제압했다. 초기 3년은 대학교에 사복경찰이 상주하면서 학생들을 철저히 감시했다. 그 후 졸업정원제가 시행되어 대학생 수가 2배 이상 늘어나고 학원 자율화 조치가 취해지면서 유화 국면으로 접어들었다. 하지만 권력에 의한 학생 사찰과 고문은 일상적으로 벌어지고 있었다.

5 · 18 광주시민을 외면하고 전두환을 제일 먼저 초청한 레이건 대통령을 보면서 미국도 믿을 수 없다는 사실을 직시한 학생들은 결국 미문화원에 불을 지르며 "양키고홈"을 외쳤다. 문부식과 김은숙 등 부산 고신대 학생들은 1982년 부산미문화원 방화 사건을 일으켰는데, 당시 화재로 문화원 안에서 책을 보던 동아대 학생 1명이 숨졌고 5명이 화상으로 중경상을 입었다. 다수의 대학생들이 정치적인 이유로 방화한 이 사건은, 반미라는 화두를 사실상 처음으로 대중에게 각인시켰다는 점에서 한국전쟁 이후 현대사의 자장 안에서 상징적 의미를 갖는다.[16]

16] 김정훈·심나리·김항기, 『386세대유감』, 웅진지식하우스, 2019.

부산 미국문화원 방화 사건(1982년 3월 18일) / 민주화운동기념사업회

하지만 이런 수준의 싸움으로는 독재정권을 이길 수 없었다. 군부독재를 무너뜨리기 위해서는 전면적인 사상 무장을 통한 조직화와 세력화가 시급했다. 하지만 80년대에는 386들에게 사상 무장을 시켜 줄 선배를 찾을 수 없었다.

한반도에는 해방 전부터 독립운동과 연계한 좌익 운동이 있었고, 해방 후에는 박헌영의 남로당, 여운형의 사회주의 그리고 진보당까지 있었지만, 모두 숙청당하거나 암살당하거나 사형당했다. 박정희 시대에 좌파사상가들의 씨가 말랐고, 통혁당과 남민전 사건을 통해 숨어 있던 좌파마저 모두 색출됐다. 그리하여 80년대에 들어서 더 이상 이 땅에는 좌파가 존재하지 않았다.

386들은 스스로 사상적 무기를 찾아 나설 수밖에 없었다. 이들이 발견한 것이 바로 북한의 주체사상이었다. 만주 항일 유격대 출신의 위대한 지도자 김일성 동지가 통치하는 나라, 친일파와 악질 지주들을 깡그리 몰아내고 세운 인민의 나라, 미 제국주의와 맞서 싸우고도 살아남은 나라, 소련과 중국과도 대등한 외교를 펼치는 주체적인 나라, 이런 나라의 통치 이념인 주체사상은 전두환 군부독재에 맞서 싸우는 386들에게 더할 나위 없이 안성맞춤인 사상이었다. 전두환 정권이 국가보안법을 휘두르며 금기시하는 바람에 주체사상은 금단의 열매와 같은 매력적인 사상으로 떠올라 폭발적으로 전파되었다.

386들은 80년대 초 중반에 사회구성체 논쟁을 거쳐 민중 민주주의 혁명파(PD, People's Democracy Revolution)와 민족해방 민중 민주주의 혁명파(NL, National Liberation People's Democracy Revolution)로 나누어졌다.[17] 1986년 돌연 등장한 NL사조는 우리 사회에 많은 영향을 미쳤다. 대중노선을 분명히 함으로써 학생운동원의 엘리트적이고 전위적인 운동방식에 큰 변화를 불

---

17) 김석 외, 『학생운동, 1980-10·28 건대항쟁을 중심으로』, 오월의봄, 2016.

러왔다. 1987년 6월 항쟁 과정에서 학생운동이 일반 시민의 민주화 열기와 성공적으로 결합할 수 있었던 데에는 NL의 대중노선의 역할이 컸다.[18]

PD들은 운동권에서 소수였기 때문에 조직 속에서도 항상 NL들에게 밀려났다. PD들이 운영하던 민주노동당(민노당)에 NL들이 주소 위장 전입 등의 방법으로 대거 침투한 후 압도적인 조직원 수로 몰표를 행사함으로써 민노당을 접수한 것이 대표적인 사례다.[19]

남한에서 386 NL들을 지휘할 자들은 있을 필요도 없고, 있지도 않았다. 386들이 주체사상을 받아들이고, '구국의 소리' 방송을 필사한 후부터는 사상, 철학, 정세, 투쟁 노선 등 그 무엇 하나도 고민할 필요가 없었다.[20] 그저 북한에서 생각하는 대로 생각하고, 싸우라는 대로 싸우면 그만이었다. 그리하여 학생운동 조직의 서열은 현장 투쟁력에 따라 결정되었다. 가장 많은 인원을 동원하여 '구국의 소리' 방송의 명령을 가장 가열차게 수행하는 대학이 자연스럽게 운동의 주도권을 가지

18) 박찬수, 『NL현대사』, 인물과사상사, 2017.

19) 정영태, 『파벌-민주노동당 정파 갈등의 기원과 종말』, 이매진, 2011.

20) 임미리, 『경기동부』, 이매진, 2014.

게 되었다.

1988년 5월 전대협 집회에 모인 대학생들

　386들은 학생운동을 통해 1987년 헌법 개정과 직선제 개헌을 이루어냈다. 하지만 김영삼과 김대중의 분열로 노태우가 당선되고, 다시 김영삼이 노태우와 손을 잡고 3당 합당을 하는 바람에 민주화 세력이 분열되었다.[21] 이로 인해 김영삼의 근거지이자 전통 야권 지역이었던 경남이 보수화되고 동서가 분열되는 극심한 지역감정이 고착되고 말았다.

21) 김윤태, 『시민의 세계사』, 휴머니스트, 2018.

그러나 1990년대 초 소련이 붕괴하면서 386 좌파들은 길을 잃어버렸다. 잔치는 끝났다. 유토피아, 공산주의 사회는 이루어질 수 없는 공상에 불과하다는 세계관의 붕괴를 경험한 386들은 일상으로 돌아가 생업에 종사해야 했다. 주체사상을 받아들인 386 NL들도 마찬가지로 힘들었다. 소련의 멸망은 북한의 경제난으로 이어졌고, 김일성까지 사망하자 북에는 고난의 행군이 닥쳐왔다. 이 시기에 북한에서는 수십만 명이 굶어 죽었다. 환상을 품고 북에 간 386 NL들은 북의 실상을 목격하고 좌절했다. 이런 상황임에도 아이러니하게 남한의 학생운동 세력은 한총련을 결성하여 더욱 더 주체사상에 몰두했다.

1995년 8 · 15 범민족대회 사수투쟁 / 민주화운동기념사업회

민주주의란 완전무결주의를 의미하는 것이 아니다.
그것은 개선을 위하여 싸울 수 있는 기회를
의미한다.

– 메이어 런던(미국 정치인)

386세대의 권력화와 변질

　김영삼의 문민정부를 거치면서 민주화가 진전을 보였고, 물질적인 풍요까지 더해져 하루하루 세상이 바뀌고 있었다. 하지만 NL 운동권은 여전히 수직적 조직 문화 속에서 시대착오적인 거리 투쟁만을 계속함으로써 학생과 시민들에게 철저히 외면받게 되었다.

　주체사상을 받아들인 남한의 386 NL들은 북한을 사상의 조국으로 믿으며 김일성을 수령으로 받들고 남한 반미자주화를 위해 애썼다. 그들은 남한의 각 지역에서 북한의 수령 모델을 차용하여 자기들만의 수령을 모시고, 통일전선전술적 방법론을 채택하며 조직을 늘려갔다.[22] 또한 그들은 풀뿌리 조직원들

---

22) 민경우, 『86세대 민주주의』, 인문공간, 2021.

의 희생을 바탕으로 세력을 유지하고, 파시즘적 선전 선동술로 여론을 조작하여 자신들의 본 모습을 숨겼다.

이들 중 친노와 조우한 자들 즉 친노 386 NL들은 노무현을 대통령으로 만들었으나, 통치 경험이 전무한 아마추어였으므로 노무현 정부와 함께 철저히 실패하고 말았다.[23] 그런데도 남 탓만 하다가 무능한 정치집단으로 낙인찍혀 국민에게 버림받음으로써 폐족으로 전락했다.

퇴임한 노무현은 봉하마을로 귀향한 후 오히려 인기가 높아졌으나 광우병 사태로 위기에 몰린 이명박이 국민의 눈길을 돌리기 위해 노무현에 대한 먼지털기식 수사에 나섰다. 그 결과 노무현 측근 비리에 이어 가족 비리까지 드러나자 노무현은 결국 스스로 목숨을 끊고 말았다. 하지만 노무현의 죽음은 친노들에게는 호재였다. 노무현의 죽음으로 폐족이었던 친노들이 정치적 부활을 할 수 있었기 때문이다.

노무현에 대한 수사가 시작되자 노무현을 버리고 달아났던 친노들이 노무현의 죽음 곁에 모여들었다. 그들은 자신들의 무능과 잘못을 노무현 죽음 뒤에 감춘 후 노무현을 죽게 만든 적들을 비난하는 데 모든 화력을 집중했다. 친노들은 노무현

---

23) 김기원, 『한국의 진보를 비판한다』, 창비, 2012.

의 죽음 앞에서 적들에 대한 보복을 다짐했다. 증오와 복수의 화신으로 흑화한 친노 386 NL이 탄생하는 순간이었다.

복수심에 불타는 386 친노들이 권력을 되찾기 위해 사용한 가장 중요한 무기는 온라인 여론조작이었다.[24] 노무현 일가와 측근들의 비리는 숨기고, 친노 세력의 무능은 정의로 둔갑시키며, 노무현 정권의 실패는 적폐 세력의 끈질긴 방해 탓으로 돌리고, 노무현의 죽음은 이명박과 검찰의 악랄한 수사 때문으로 여론조작을 시도했다.

학원가를 떠돌던 386들이 정치권으로 유입되면서 그들이 사용하던 여론조작 기법이 정치에 도입되었다. 친노들이 노무현을 대통령으로 끌어올린 방법은 정확하게 학원가에서 마타도어로 스타강사를 만들어내던 기법과 동일하다. 친노들은 노무현 경선이 진행될 때 온라인에서 노무현에 대한 미담을 조작하고 날조하여 퍼뜨렸다. 그들은 소수의 인원이 같은 시간 같은 장소에 집결하여 한 가지 목적에 집중함으로써 다수를 이기는 방법으로 자신들의 목적을 달성해 갔다. 그들이 거쳐 간 곳은 극단적인 분열과 증오로 모든 세력이 지리멸렬해진다.

---

24) 김인성, 『친노 디지털 파시즘』, 홀로깨달음, 2022.

비주류였던 노무현이 민주당 대선 후보로 등극할 수 있었던 이유는 대선 경선 초기 친노들이 게릴라 전법으로 지역 경선에서 노풍을 일으켰기 때문이다. 특히 친노들의 상대 당 후보에 대한 극악한 마타도어 기법은 강력한 위력을 발휘했다. 온라인에서 상대 당 후보의 아들 병역 의혹 비리를 끝없이 제기하면서 이슈화에 성공하고, 김대업이란 사기꾼을 내세워 이를 기정사실로 함으로써 선거 당일 오전까지 열세였던 상황을 뒤집고 노무현을 극적으로 대통령에 당선시킬 수 있었다

노무현 사후 절치부심하던 김어준은 이명박을 표적으로 하는 팟캐스트 나꼼수를 통해 친노의 대표 저격수로 부상한다. 정치를 엔터테인먼트화시킨 김어준은 방송 규제로부터 자유로운 팟캐스트의 플랫폼 특성을 이용해 반대 세력에 대한 근거 없는 주장을 마음껏 전파했다. 나꼼수와 김어준은 '친노는 선, 보수는 악'이라는 진영 논리에 기반해 정치를 바라보도록 국민을 세뇌했다. 나꼼수에 열광한 대중들은 김어준의 논리를 무비판적으로 수용하는 극렬 친노로 변신해 친노의 견고한 지지 기반으로 작용했다.

친노 스피커 김어준은 노무현 영결식에서 이명박 대통령에게 고개를 숙이는 문재인의 비굴한 행동을, 주군을 잃은 가신들을 지키기 위해 굴욕을 참는 모습이라고 포장해 문재인을

노무현의 후계자감으로 손색이 없는 인물로 격상시켰다. 이로 인해 문재인은 일약 친노의 대권 후보로 급부상했다.[25]

친노들에게 선택되어 대통령으로 만들어진 문재인은 준비가 부족했기 때문에 집권 기간 내내 자신의 의지로 정책을 판단하거나 자기가 책임지고 최종 결정을 하지 못했다는 평가를 받는다.[26] 탈원전을 공약으로 내세워 당선되었으나 중단된 신고리 원전 5·6호기 공사 재개 여부를 원전에 대해 문외한인 일반 시민으로 구성된 신고리 5·6호기 공론화위원회에 맡겼다.

문재인은 대부분 행사에서도 자기 목소리를 내지 못하고 참모나 비서관이 준비한 연설문을 읽는 의전 대통령에 불과했다. 그는 아무것도 결단하지 않은 채 그저 멋지고 폼나는 곳에서 대통령 역할을 했던 인물이었다. 친노 386 NL의 쇼통(show+소통) 전략이 그를 대통령으로 만들 수 있었다. 이러한 것들이 작용해서 문재인은 임기 말에도 높은 지지율을 유지할 수 있었다.

친노들의 여론조작은 컴퓨터를 활용한 자동화 단계에 이르

25) 강준만, 『싸가지 없는 정치』, 인물과사상사, 2022.
26) 유창선, 『나는 옳고 너는 틀렸다』, 인물과사상사, 2021.

렀다. 드루킹이란 인물이 수동으로 댓글 조작을 하던 중 이를 효율화시키기 위해서 매크로 프로그램을 만들게 된다. 드루킹은 이 프로그램을 이용해서 문재인의 지지율은 높이고, 경쟁자 후보들에 대해서는 비방 여론을 확산시켜 지지율을 떨어뜨리는 방법으로 친노 2기 정권 창출에 혁혁한 공을 세웠다.

하지만 드루킹을 이용한 김경수는 대가를 지불하지 않았다. 사람을 이용해 먹고 버리는 친노의 비정한 인간관계에 분노한 드루킹은 매크로 프로그램을 오히려 친노를 공격하는 데 사용한다. 드루킹의 존재를 모르고 있던 일부 친노들은 드루킹의 공격을 적들이 실행한 댓글 조작이라고 판단해 고발하는 바람에 드루킹의 존재가 드러난다.

드루킹의 매크로 댓글 조작은 특검을 통해 진상이 밝혀졌고, 드루킹은 결국 유죄를 선고받았다. 드루킹을 쓰고 버린 것은 친노의 성골이자 문재인의 후계자로 낙점되었던 김경수였다. 김경수는 드루킹의 여론 조작과 매크로 사용에 깊게 개입했지만, 문재인 당선 후 논공행상 과정에서 드루킹 세력을 배제하면서 화를 자초했다.

김경수는 재판 과정에서 자신은 전혀 모르는 일이라고 혐의를 부인했으나, 김경수와 드루킹이 통화와 문자를 주고받은 사실, 수시로 직접 만나서 선거에 대해서 협의한 사실, 김경수

드루킹 여론조작 사건과 김경수 경남지사의 유죄 확정

보좌관이 배신당한 드루킹을 달래는 전화녹음 파일 등 물증이 법정에 제출됨으로써 결국 유죄가 확정됐다.

　문재인 집권기 반을 지난 시점에 조국 대통령 만들기 작전이 시작되었다. 2019년 7월 조국은 페이스북에 죽창가를 올렸다. 한국 법원이 일제 강제징용 배상 판결을 내리고 한국 내

일본 기업의 자산을 팔아서 배상금을 강제로 환수하라고 결정하자 일본은 반도체 소재 수출을 제한하는 조치를 취했다.[27]

한국 국민들은 일본제품 불매운동에 들어가고 일본에서는 혐한감정이 확산되면서 양국 국민들의 분노와 적대감은 고조되었다. 심각한 한일 무역분쟁이 진행되는 과정에서 일제와 전쟁을 벌인 동학농민전쟁을 소재로 한 죽창가를 소셜미디어에 올린 조국의 인기는 하늘을 찔렀다. 조국은 이 인기를 바탕으로 청와대 민정수석에서 법무부장관으로 자리 이동을 시도한다. 그런데 조국이 청문회를 준비하는 동안 조국 일가의 산더미 같은 비리가 동시다발적으로 쏟아져 나왔다.

조국의 딸 조민은 고려대와 부산대 의학전문대학원을 거쳐 의사가 되는 거의 모든 과정을 불법적이고 편법적으로 통과했으며, 합격에 필요한 스펙을 위해 표창장을 위조했고, 인턴 경력은 허위였고, 논문조차 대리 작성된 것임이 드러났다. 이 사건으로 조국의 부인 정경심 교수가 컴퓨터를 무단 반출하여 증거 인멸을 시도하다가 적발되어 구속되었다.

친노의 후계자 조국이 위기에 빠지자 조국을 수호하기 위해 조국을 따르는 친노 세력들이 총집결했다. 친노 세력들은 서

---

27) 박권일, 『축제와 탈진』, 연두, 2020.

초동 검찰청 앞에 몰려가 대대적인 시위를 통해 검찰 수사에 압박을 가했다. 친노들은 조국 수호 집회를 검찰 개혁 촛불 문화제로 확대하려고 했다. 하지만 친노의 조직력을 총동원한 관제 데모에 가까운 집회였음에도 불구하고 조국 수호 이슈를 전국적으로 확산시키는 데 실패했다. 같은 시기 자발적으로 모인 조국 퇴진 광화문 집회에 훨씬 많은 사람이 참여했기 때문이다.

조국을 지키기 위한 친노들의 노력은 실패했다. 친노들은 집권 세력이면서, 자신들이 가해자이자 범죄자임에도 피해자 코스프레를 통해 국민들의 동정표를 얻으려 했다. 그들은 분명히 윤석열을 검찰총장에서 물러나게 할 힘이 있었고, 조국 수사를 중단시킬 권력을 가지고 있었다. 그러나 친노들의 조국 수호 관제 데모는 윤석열을 강력한 대권 후보로 부상시키는 역설적인 결과를 만들었다.

조국은 운동 경력을 내세워 정치권에 입성해 기득권이 된 친노 386 NL들의 위선과 부패를 상징하는 인물이다. 한때는 정의로웠으나 이제는 기득권자일 뿐이고, 말은 도덕적이지만 행동은 파렴치했다. 그들은 국민들에게는 현실에 만족하라고 하면서 자기 자식들에게는 온갖 불법과 편법을 이용해 출세의

프리패스를 발급해 왔다. 자신들은 이권에 개입해 범죄를 저지르는 도중에도 가장 도덕적이고 양심적인 말을 하고 글을 써 왔다.

조국의 몰락은 친노 386 NL들의 민낯을 국민들이 직시할 수 있는 계기를 마련했다. 학생운동과 민주화운동 세력에 대해 부채 의식을 가지고 있던 사람들, 이승만과 박정희를 절대악으로 믿고 있던 사람들, 보수 세력은 독재 정권에 부역한 적폐일 뿐이며 토착왜구 집단이라고 생각했던 사람들이 조국 사태 이후 386 NL 운동권의 본질을 깨닫게 되었다.

많은 국민들이 민주화를 외쳤던 386들이 주체사상을 신봉하게 되고 정치권에 들어가 온갖 편법과 조작을 동원하며 비양심적인 기득권자가 되어가는 모습을 목도한 것이다. 이제는 시간이 흐르면서 변질된 친노 386 NL 운동권의 진면모를 확인한 많은 사람들이 보수의 가치를 다시 보게 되었고, 박정희로 대표되는 산업화 시대 인물들에 대한 재평가를 시도하고 있다.

민주주의는 절대 공짜로 얻어지는 것이 아니며,
어느 역사를 보나 민주화를 위해서는 희생과 땀이
필요하다.

– 김대중(전 대통령)

포퓰리즘의 득세와 합리성의 실종

　포퓰리즘(populism)은 대중의 인기에 영합하는 혹은 대중의 뜻에 따르는 정치사상과 활동이다. 간단히 말하면 대중영합주의다. 포퓰리즘은 대다수 국민의 요구나 압력에 영합하는 것으로서, 국민의 의사를 존중하는 것과는 차원이 다르다.

　민주주의는 국민의 의사를 존중하는 정치체제다. 하지만 존중과 영합은 다르다. 민주주의는 국민의 의사를 최대한 존중하되, 실제적으로는 천차만별의 견해를 가진 국민의 뜻을 알 수 없기 때문에, 그것의 실체에 접근하기 위해 토론과 비판의 과정을 거친다. 이에 반해 포퓰리즘은 대중영합적인 정치인이 대다수 국민이 환영할 만한 사업이나 프로그램을 공약으로 제시하여 정권을 잡거나 정권을 유지하는 방식으로 추진된다.

　포퓰리즘은 이런 계산을 할 줄 아는 사람들이 애용하는 정치전략이다. 이들이 노리는 것은 국가권력의 획득과 정권의 유지다. 정책의 현실타당성, 합리성, 중장기적 결과 따위는 안중에 없다. 국민의 인기를 끌어 권력을 잡고 권좌를 유지해 나갈 수만 있다면 민주주의의 이름을 팔아 무슨 일이든지 할 준비가 되어 있다.

민주주의가 가장 경계하는 대상은 다수에 의한 폭정이다. 이것의 전형이 포퓰리즘이다. 그것은 다수결의 원리에 따르는 게 민주주의라는 단순한 도식에 기초해 있고, 다수가 원하는 대로 하는 게 민주주의라는 심각한 오해를 먹고 산다. 하지만 다수가 원하는 대로 하는 것이 민주주의는 아니다. 민주주의가 다수결 원리를 수용한 것은 그것이 무조건 옳아서도 좋아서도 아니다. 다수결보다 더 나은 방법을 찾지 못했기 때문이다.

포퓰리즘의 가장 큰 문제점은 정치적 무책임이다. 대다수 국민이 원하는 것을 자칭 민주적인 정치인이 앞장서서 정책화하거나 프로그램화하고, 그것을 다수 국민이 쌍수를 들어 환영한 꼴이니, 그것이 잘못될 경우의 책임은 누구에게 물어야 하고 돌아가야 하는지 알 수 없게 된다. 이런 정책이나 제도의 도입과 시행과정에서 당연히 반대하는 소수가 있지만, 이들은 효과적으로 포퓰리즘을 막아서거나 책임을 물을 정치적 힘이 없다. 포퓰리즘은 민주주의의 탈을 쓰고 민주주의가 가장 보호해 주어야 할 소수에게 폭정을 가하는 것이나 다름없다.

　포퓰리즘의 주된 무기는 선동이다. 선동이 잘 먹혀들게 하려면 국민의 마음속에 숨어 있는 열망, 시기와 질투, 분노에 불을 붙이면 좋다. 포퓰리스트들은 이 분야의 기술자들이다. 포퓰리즘은 페론주의(Peronism)라고도 부르는데, 아르헨티나의 페론 대통령이 그 원조(元祖)이기 때문이다.[28]

대통령에 재선된 뒤
국민들의 환호에 답하는
페론과 에비타(1952년)
/ 라틴아메리카역사
다이제스트 100

28] 존 주디스, 『포퓰리즘의 세계화』, 메디치미디어, 2017.

에바 페론(1919~1952)의 인기는 하늘을 찔렀다. 사람들은 그녀를 우러러보기까지 했다. 당시 아르헨티나는 엉망진창이었다. 정치는 썩을 대로 썩었고, 재벌들은 나라를 쥐락펴락했다. 덩치 큰 외국 자본들은 아르헨티나의 목줄을 쥐고 흔들었다.

1946년 대통령에 당선된 에바 페론의 남편인 후안 페론(1895~1974)은 대중들의 가려운 데를 속 시원하게 긁어주었다. 그는 외국인들이 갖고 있던 농장과 공장을 국가 소유로 만들었다. 노동자들의 임금도 70퍼센트 가까이 올렸다. 환율에 손을 대서 아르헨티나의 돈 가치를 높였다. 외국의 상품을 싼값에 들여오기 위해서였다. 에바 페론은 한발 더 나아갔다. 그녀는 자기 이름을 딴 재단을 만들어 학교, 고아원 등을 지었다. 필요한 돈은 사업가들을 윽박질러서 얻어 냈다.

노동자들의 살림살이는 크게 좋아졌다. 서민들은 젊고 아름다운 에바를 어머니라 부르며 따랐다. 하지만 에바는 33살에 암으로 세상을 떠나고 말았다. 페론주의도 단명했다. 나라의 곳간은 바닥을 드러냈다. 돈 가치가 떨어져 엄청난 인플레이션이 일어났고, 경제는 뒷걸음질 쳤다. 마침내 후안 페론도 대

통령 자리에서 밀려났다. 1955년에 쿠데타가 일어난 것이다.[29]

수입 통제 등의 폐쇄적인 대외 경제 정책, 노동 임금의 대폭 인상, 각종 산업의 국유화 등 대중영합적인 정책을 쏟아내며 말 그대로 노동자 천국의 시대를 열었지만, 천국이 지옥으로 변하는 데는 그리 오랜 시간이 걸리지 않았다. 20세기 초만 해도 풍부한 자원과 농축수산물의 수출 등으로 세계 5위의 경제 대국이었던 아르헨티나는 세계 대공황의 여파와 페론의 급진적 개혁의 실패로 1958년에 국가부도를 당한 후 지금까지 국가부도 상태에 7차례나 빠졌고, 구제금융을 22차례나 받는 디폴트(default) 단골 국가의 오명을 뒤집어쓰고 있다.

유사한 예는 그리스에서도 반복되었다. 유로존 가입 당시부터 만성 재정적자에 허덕이던 나라가 대중의 인기를 노려 연금 천국을 만들었다. 공무원 등 공공부문 종사자들은 급여 95%를 연금으로 수령하고, 60세 이전에 은퇴해도 급여의 80%를 연금으로 받았다. 또한 전 국민이 무료 의료보험 혜택을 누리는 복지 천국을 자랑했다. 하지만 국가부채가 감당할 수 없는 수준으로 불어나 결국 국가부도 사태로 몰렸다.

포퓰리스트들의 선심성 정책은 달콤한 사탕과도 같다. 자기

29] 안광복, 『교과서에서 만나는 사상』, 사계절, 2013.

의 부담은 적어 보이고 이득은 크게만 보이니, 단기적으로는 퍼주기를 마다하는 사람이 거의 없다. 처음에는 선심성 정책과 프로그램의 도입에 반대했던 사람들조차 자기도 모르는 사이에 달콤함에 맛을 들여간다.

포퓰리즘 정책은 지속 가능성과 미래가 없다. 포퓰리즘 정책과 퍼주기 프로그램들이 야기한 심각한 문제점을 해결하기 위해서는 거꾸로 긴축재정과 유동성 축소, 대폭적인 증세 등 뼈를 깎는 개혁이 필수적이다.[30] 하지만 국민은 허리띠를 졸라맬 생각을 하지 않는다. 개혁 조치에 대해 신경질적인 반응부터 보인다. 자신이 누리는 혜택이 기득권이 되었기 때문이다. 포퓰리즘의 늪에 한번 빠지면 빠져나오기 힘든 이유가 여기에 있다.

포퓰리즘은 중병 환자의 병적인 사고와 행태라고 할 수 있다. 그런데 국민은 자기가 중병에 걸려 있다는 사실조차 자각하지 못한다. 일차적 주범은 무책임한 정치인들이지만, 이들의 선동에 미혹되어 이들을 찬양하고 동조하고 추종한 국민들에게도 책임이 있다.

아침밥을 사 먹기 어려운 대학생이나 소득과 자산이 부족한

---

30) 서병훈, 『포퓰리즘(현대민주주의의 위기와 선택)』, 책세상, 2008.

고령자를 돕는 것은 이해할 수 있지만 지금처럼 보편적으로 혜택을 주는 것은 포퓰리즘이다. 이런 식의 지원은 정작 필요한 곳에 사용해야 할 재정을 갉아먹고, 현실을 왜곡하게 된다. 15년간 대학 등록금을 동결한 결과가 교육계에 미치는 영향을 보면 알 수 있다. 당장은 학생 부담이 줄어든 것 같지만 대학 혁신을 가로막았다는 점이 문제다. 이는 더 큰 사회적 비용을 치르는 결과로 이어질 것이다.

한국의 역대 경제정책 가운데 포퓰리즘의 대표적 정책은 문재인 정부 때 시행된 '소득주도성장(소주성)' 정책이다. 최저임금을 급하게 올리고 국민세금으로 정부가 공공일자리를 많이 만들면 저절로 성장이 된다는 소주성을 놓고 주류 경제학자들은 '족보가 없는 정책'이라고 했다. 실제로 경제학 교과서의 경제성장이론에 이와 같은 정책은 찾아볼 수 없다.

한국에선 2018~2022년 5년간 최저임금이 41.6% 올랐는데, 성장엔 보탬이 안 되고 일자리 질만 나빠졌다. 한국은 나랏빚 증가 속도가 제일 빠른 나라 중 하나다. OECD 회원국 중 정치권의 포퓰리즘 경쟁에 재갈을 물릴 '재정 준칙'이 없는 나라는 한국과 튀르키예뿐이다.

문재인 정부가 소득주도성장의 정책 실패를 숨기기 위해 통계 왜곡과 조작으로 국민들을 눈속임했던 사실이 최근 드러났다. 감사원은 올해 9월 15일 '주요 국가 통계 작성 및 활용 실태' 감사 결과를 내놓고 "문재인 정부의 대통령비서실과 정책실, 국토교통부 등은 통계 작성 기관인 통계청과 한국부동산원을 직간접적으로 압박하여 통계수치를 조작하거나 통계서술 정보를 왜곡하게 하는 등 각종 불법행위를 했다"고 밝혔다.

특히 소득주도성장을 대표 경제정책으로 내건 문재인 정부는 소득이 되레 감소하고 분배가 악화한다는 통계 데이터가 나오자 '통계 마사지'를 통해 입맛에 맞는 통계를 억지로 만들어 낸 것으로 감사 결과 확인됐다.

문재인 정부는 2017년 '더불어 잘사는 경제'를 국정 목표로 삼고 소득주도성장을 위한 일자리 경제를 추진했다. 그런데 소주성을 밀어붙이던 2017년 6월 우리나라 가구의 소득 수준을 보여주는 통계청 가계 동향 통계에서 가계 소득이 2010년 이후 되레 감소한 것으로 나타나자 비상이 걸렸다. 2017년 6월 가계소득이 전년 같은 달 대비 430만6000원에서 427만8000원으로 0.6% 감소한 것으로 집계된 것이다.

이에 문재인 정부는 이 통계 발표에 부담을 느끼고 가계소득이 상대적으로 높은 '취업자가 있는 가구'의 소득에 새로운 가중치(취업자 가중치)를 추가로 곱해 소득을 올리는 식으로 조작했다.

이 같은 '통계 마사지'를 통해 가계소득은 430만6000원에서 434만7000원으로 1% 올랐다고 조작됐다. 이뿐 아니다. 2017년 3분기와 4분기에도 이처럼 가중치를 더 곱하는 식의 조작으로 가계소득 증가율을 높이거나, 근로소득은 줄고 있는데도 늘고 있는 것처럼 왜곡했다. 현실과는 다른 '고무줄 통계'가 만들어진 셈이다.

소득주도성장의 핵심인 분배에도 실패하자 통계 조작은 또 벌어졌다. 문재인 정부는 2018년 최저임금을 2017년에 비해 16.4% 올리고, 비정규직의 정규직화를 추진하며 소주성 정책을 밀어붙였다. 그러나 2018년 5월 소득 5분위 배율(최상위 20%의 평균소득을 최하위 20%의 평균소득으로 나눈 값)을 가(假)집계 결과, 2003년 이후 최악인 6.01로 나온 것이다. 이렇게 이 숫자가 높아지니, 2017년 2분기부터 임의로 적용했던 취업자 가중치를 다시 빼고 계산해 5.95로 낮춰 공표했다.

그런데 이렇게 통계청 통계 조작이 이뤄진 건 문재인 정부 청와대의 압력에 의한 것이었다. 2018년 1분기 소득 5분위 배율이 5.95로 공표된 이후에도 최저임금 인상과 소주성 정책에 대한 비판 여론이 확산하자, 경제수석실이 노동연구원 소속 연구원에게 자료를 따로 건네 '가구'가 아닌 '개인'의 근로소득

증감을 분석하게 했다.

 이 과정을 거쳐 개인 근로소득은 하위 10%를 제외하고 모두 늘었고, 저임금 분위에서 증가율이 더 높았다는 결론이 만들어졌다. 이를 통해 가계소득 동향 점검회의에서, 최저임금 인상으로 '개인' 근로소득 불평등은 개선됐다고 대통령에게 보고됐다. 이를 토대로 문재인 대통령은 2018년 5월 31일 국가재정 전략회의에서 "최저임금으로 저임금 근로자 임금이 크게 늘었고, 이는 최저임금 증가의 긍정적 효과"라고 언급했다.

 중소기업이나 자영업자의 어려움은 아랑곳하지 않고 최저임금을 급격히 올려주고, 세수가 부족하니 국채를 대량으로 발행해서 공공일자리를 남발하는 것은 전형적인 포퓰리즘이다. 이로 인해 600조 원대에 있었던 국가부채는 문재인 정부 5년을 거치며 1,000조 원을 돌파했다. 그러나 부동산가격은 급등하고 실물경제는 더욱 나빠졌다.

 그럼에도 문재인 정부는 소득주도성장이란 잘못된 정책을 시정할 생각은 않고 잘못을 덮고자 통계 왜곡과 조작을 상습적으로 자행했다. 1인당 소득이 3만 불을 넘었다는 선진국에서 있을 수 없는 일이 지난 5년간 벌어진 것이다. 감사원은 문재인 정부의 통계 조작 담당자들을 검찰에 고발했다.

정치꾼은 다음 선거 생각을 하고,
정치가는 다음 세대 생각을 한다.

– 제임스 프리먼 클라크(미국 신학자)

시민단체의 정치화와 시민운동의 타락

민주주의가 발전하기 위해서는 건전한 시민사회가 뒷받침 되어야 한다. 시민사회를 공적인 목적을 추구하는 시민들의 자발적인 집합체이면서 시민들이 활동하는 공간으로 이해한 다면, 주도적인 역할을 하는 존재는 시민단체일 것이다. 시민 단체는 비영리단체로서 일반 시민들이 자발적으로 만든 자율 적 단체를 지칭한다. 시민단체는 비영리단체, 비정부기구, 시 민사회단체, 자원봉사단체, 공익단체 등을 포함한다. 최소한 시민 공동의 이익을 증진하기 위한 조직이어야만 시민단체의 이름값에 부합할 것이다.[31]

시민단체는 그 종류가 많다. 환경보호와 관련된 단체만 해

---

31) 김윤태, 『교양인을 위한 세계사』, 책과함께, 2007.

도 환경운동연합, 녹색연합, 공해추방운동연합, 한살림모임, 여성환경연대, 반핵평화운동, 생명의 숲 등과 같이 다양하다. 북한산쓰레기수거여성모임, 울산공해추방연합 등과 같이 지역을 기반으로 하는 환경보호단체와 모임 등 그 숫자를 헤아리기 힘들 정도로 많다.

군소 규모의 단체들이 각기 독특한 설립 목적을 갖고 활동한다. 환경보호라는 범주 안에서도 서로 다른 영역에서 서로 다른 활동을 한다. 필요한 경우에 연대하기도 하지만 각자 개별 조직으로 자율적으로 활동하는 경우가 많다. 어떤 단체는 조직 및 재정 기반이 빠르게 확충되어 큰 영향력을 행사하지만, 대부분의 시민단체는 조직과 재정이 열악하며 대개 근근이 운영되는 경우가 많다.

시민단체들은 주로 20세기 후반 이후 출현해 한국사회의 민주화에 긍정적으로 기여했다. 경제적 불균형, 인권, 환경, 여성, 청소년, 정보격차 등 수많은 사회 문제들을 정부나 정치가 해결하지 못했기 때문에 시민단체가 그 역할을 대신했던 점에서도 정당성을 가지고 있다.

그런데 수많은 시민단체가 설립 당시의 목표를 실현하는 활동 이외의 일에 관여하거나 때때로 공공의 이익에 맞지 않는

활동을 하기도 한다. 그 중요한 이유 중 하나는 조직의 생존과 관련이 있다. 상당히 많은 시민단체가 공공적 목적을 표방하면서도 사실은 정부나 정치권의 목적을 위해 봉사하고 협조한다. 왜 그런 현상이 나타날까?

어떤 조직을 막론하고 조직은 일단 생기고 나면 조직의 생존을 최우선 과제로 여긴다. 시민단체가 당초의 설립 목적에 충실하지 않고 조직의 생존에 매달리게 되면 비상식적인 일들이 자행된다. 공동체 정신을 망각하고 지엽적인 이익을 추구하면서 공공의 이익으로 강변하거나 정부나 사회의 문제점을 열심히 지적하면서도 자신의 결함이나 문제점에 대해서는 비판의 화살을 꺾어버리려는 모순적인 행태를 보인다.

시민단체는 정치적 야망을 가진 사람들에게 매력적인 조직이다. 명분과 실리를 모두 제공해 주기 때문이다. 물론 시민단체에는 순수한 의도를 가지고 공익 증진과 사회 문제의 해결을 위해 희생하고 봉사하려는 사람들이 훨씬 많다. 하지만 처음부터 자신의 정치적 야욕을 달성하기 위해 시민단체의 설립을 주도하거나, 아니면 순수한 활동을 하다가 정치적 야망을 키우게 되는 경우도 많다.

그러나 시민단체가 정치적 의도를 갖고 정치권과 결탁하거나 정치에 몰입하면 순수성이 훼손되면서 조직이 타락하게 되고 건전한 비판 기능을 상실하게 된다는 점을 잊어서는 안 된다. 시민단체는 정부의 정책과 실천을 비판할 권리만 있는 것이 아니라 자신의 선택과 활동에 책임을 져야 한다. 또한 공공의 이익 향상을 위해 스스로가 공적으로 떳떳한 처신을 해야 한다.

민선 7기 박남춘 민주당 인천시정부와 인천평화복지연대(이하 평복)가 결탁해 불법과 부정을 자행한 주민참여예산의 전횡 의혹이 일부 드러났다. 이 사건은 중앙 일간지, 인천일보, 인터넷 매체 등 몇 군데에서 간혹 다루었을 뿐 언론의 주목을 받지 못했다. 그런데 이 전횡은 2023년 7월 4일, 국민의힘 '시민단체선진화특별위원회'(위원장 하태경 국회의원) 제7차 회의를 통해 비로소 본격적으로 세상에 알려지게 됐다.

국민의힘 시민단체선진화특별위원회 7차 회의(2023. 7. 4.). 사진 왼쪽부터 정승연 국민의힘 인천시당위원장(필자), 서범수 국회의원, 이만희 국회의원, 하태경 국회의원, 류성걸 국회의원, 박덕수 인천시 행정부시장

    작년 말 인천시의 주민참여예산 사업 실태 '감사' 결과 17건의 위법 사례가 적발됐다. 수많은 조례 위반과 불법이 비상식적으로 자행되었다. 교육과 사업 발굴 지원 등을 담당하는 민간위탁기관이 법률로 규정한 사항보다 더 많은 권한을 행사했다. 또 직원 채용 시 서류와 면접 심사 없이 면담만 진행하는 등 채용 비리도 있었다. 분기별 사업 실적 보고서도 제대로 제출하지 않았다. 사업 심의와 선정의 권한이 없는 주민참여예산지원협의회가 260억 원의 사업을 선정했고, 사업 선정 절차를 거치지 않은 280억 원의 사업이 진행되기도 했다. 운영 조

례 16조에서 금지한 '계속 사업'에 215억 원을 집행했다. 박남춘 시장 4년 동안 전체 주민참여예산 1,382억 원 중 절반이 넘는 798억 원이 불법으로 편성, 집행되었다.

평복 대표와 회원이 예산 편성과 집행을 지원하는 중간지원 조직인 '주민참여예산산지원센터'에 대한 자문을 하고, 단독으로 응모했다. 평복이 졸속으로 만든 '자치와공동체'라는 법인 단체를 평복 회원이 심사위원으로 참석해 위탁기관으로 선정하는 일명 '셀프심사'를 자행했다. 이사들은 대부분 정의당 출신이거나 평복 회원이었다. 이 단체의 이사장은 당시 평복 공동대표였다. 비등기 이사인 E는 정의당 전 인천시당위원장이면서, 2012년 총선에 통합진보당 후보로 출마했던 인물이다. 박남춘 전 시장은 타 단체를 모두 배제하고 유독 평복에 의존해 주민참여예산 사업을 추진했다.

이러한 내용들이 제7차 시민단체선진화특위에서 논의되고 발표되었는데, 평복은 일부 발언 내용을 문제 삼아 지난 8월 2일 나와 하태경 의원을 경찰에 고소했다. 평복과 그들이 만든 자치와공동체가 중심이 되어 인천주민참여예산제를 불법과 편법으로 변질시켰다는 본질에 대해서는 전혀 반박하지 못하

2023년 4월 27일 오후 2시에 국민의힘 인천시당에서 개최된
주민참여예산 운영 문제점 및 개선방안 5차 정책 토론회

고, 나와 하 의원의 일부 발언이 명예훼손에 해당한다고 고소
를 한 것이다.

한편 내가 위원장을 맡고 있는 국민의힘 인천시당 주민참여
예산특별위원회에서는 6개월이 넘는 조사를 통해 지난 9월 25
일 불법에 관여한 공무원과 평복, 자치와공동체 관계자들을
검찰에 고발했다. 정치권력과 결탁하여 스스로 권력화되어 불
법을 주도한 시민단체는 더 이상 시민단체라고 말할 수 없다.
엄정한 수사를 통해서 책임자들을 처벌하고, 주민참여예산제가 본래의 목적에 맞게 재정립되기를 바란다.

한편, 지난 7월 민주화운동의 원로들이 주축인 '인천참언론시민연합'(이하 '참언론')은 '주민참여예산제도를 악용하여 시민의 혈세를 사유화하고 남용한 정의당과 인천평화복지연대는 즉각 해체하라'는 내용의 성명서를 발표했다. 여기서 '참언론'은 '민주주의의 꽃인 주민이 참여하여 제안하는 주민참여예산제도를 자기들 마음대로 편성하고 배정하여 농락했다는 사실이 알려졌다'면서 '정의당과 인천평화복지연대를 비롯한 관련 단체들은 스스로 전모를 밝히고 해체하라'고 요구했다. 박남춘 시정부 4년 내내 평복의 부당함을 고발해 싸웠으나 박 전 시장과 문재인 정부에 의해 좌절을 경험한 원로들은 운동의 순수성과 자존감을 훼손한 평복과 정의당을 향해 울분을 토로한 것이다.

민주당, 평복, 정의당으로 이어지는 한 지붕 세 가족의 이권 카르텔과 전횡 의혹의 전모가 반드시 밝혀져야 한다. 민주당 시의원과 일부 시공무원까지 가세해 국민의 혈세를 농락한 사건에 대한 강력한 처벌과 혈세 환수 조치가 필요하다. 부도덕하고 파렴치한 정치인과 시민단체, 이를 묵인하고 방관했던 민주당 주도의 시의회로 인해 법치와 견제·균형의 원리를 기본으로 하는 민주주의가 파괴됐다. 민선 8기 시정부와 시의회는 전면적인 감사와 강력한 법적 조치를 통해 의혹의 진실을 총체적으로 밝히고, 법치 확립에 최선을 다해야 한다.

일본군 위안부 피해자 지원단체 정의기억연대(정의연) 사태도 시민단체의 부패와 타락의 대표적인 사례다. 이용수 할머니의 폭로 이후 불똥이 여러 갈래로 튀었다. 전 이사장 윤미향 의원이 후원금 유용 의혹으로 수사 선상에 오르자 마포쉼터 소장이 비극적 선택을 했다. 기부금이 줄어 다른 애꿎은 시민단체들이 유탄을 맞기도 했다.

21대 국회 개원 때 민주당은 "의혹이 어느 정도 소명됐다"며 내부 입단속을 했다. 그사이 극렬 지지층이 문제 제기를 한 이 할머니를 토착 왜구로 공격하는 사태까지 빚어졌다.

'윤미향 파문'의 핵심적인 문제점은 제3섹터라 할 수 있는 시민단체가 어용이 됐다는 점이다. 시민운동의 정치화로 인한 부작용이 문제의 본질이란 뜻이다. 문재인 정부 들어 참여연대 등 시민단체 출신이 당·정·청 요직에 대거 발탁됐다. 이는 매우 한국적 현상이다. 미국에선 정부 감시를 위해 나랏돈 안 받는다는 원칙을 지키려는 시민단체가 부지기수다.

비(非)정부기구(Non-Governmental Organization · NGO)에서 비(非),

즉 Non이란 접두어가 빠지면 정부기구가 된다. 그렇게 시민단체가 관변화하면 본래 설립 취지는 퇴색한다. 시민단체의 활동가들이 권력을 감시하기는커녕 자리를 얻는 데 급급하고, 돌봄의 대상인 시민은 아예 뒷전으로 밀려나기 일쑤다. 과거 5공화국 시절 새마을운동중앙회, 바르게살기운동중앙협의회 등의 단체들이 이런 경로를 밟았다.

정의연(전신 정신대대책협의회)의 행로도 마찬가지다. 적잖은 간부가 초심을 잊고 금배지나 장관, 청와대 요직 등을 향해 달려갔다. 그사이 일제 피해자인 할머니들 손에 쥐어줬어야 할 후원금이나 정부 지원금은 모래처럼 빠져나갔다.

"소금이 짠맛을 잃으면 무엇으로 그것을 짜게 하리요"라는 성경의 한 구절이 있다. 무릇 시민단체는 권력을 상대로 까칠한 '파수견(watch dog)' 역할을 할 때 존재가치가 있는 법이다. 그렇게 하지 않고 정치적 중립성을 저버리는 순간 권력의 '호위견(guard dog)'으로 전락하게 된다.

한국의 민주화는 군부독재에 맞선 기나긴 투쟁의 시간을 거쳐 이루어졌다. 이 과정에서 정치인들의 반독재 투쟁이 크게 기여했지만 독재의 긴 터널을 뚫는 데 결정적인 역할을 한 이들은 거리에서 독재 타도와 민주 쟁취를 외친 학생들과 시민들이었다. 독재를 무너뜨리고 민주화를 가져온 주도 세력으로서의 시민들의 자의식은 민주화 이후 시민단체들이 우후죽순으로 결성되어 활동한 것에서도 드러난다. 국회라는 좁은 정치 공간이 제 역할을 하지 못하자 시민들 스스로 정치의 주인이자 나라의 주인이라는 의식을 가지게 된 것이다.

그러나 이러한 현상은 정치의 과잉을 불러왔다. 수많은 시민단체와 이익 집단은 저마다 자신들의 이익을 최우선에 두고 경쟁하기 시작했다. 이런 경쟁을 중재할 적절한 제도와 합리적인 의사소통 문화가 마련되지 않은 현실에서 서로 주인임을 주장하는 풍토는 건설적인 대립보다는 소모적인 갈등 구조를 양산해 왔다. 배려와 양보 그리고 역지사지 정신이 부족한 풍토에서 지나친 주인의식은 타인을 배제하고 억압해서 승리하려는 성공만능주의의 문화를 가지기 쉽다. 야합만 있었지 감동적인 대화와 타협의 문화를 보여주지 못했던 국회를 포함해 한국 사회는 독재를 무너뜨린 주역으로서 정치의 주인으로 서게 된 시민들에게 서로를 배려하고 공적 질서를 지키는 주인의식을 심어주기에는 아직 그 역량이 부족하다.

시민사회 전체로 시야를 넓혀 정치의 미성숙 문제를 들여다 보면 더욱 문제가 많다. 1987년 민주화 이후 노동운동과 시민운동이 30년 이상 축적했던 정치적 자산이 모두 민주당과 그 언저리 정치 세력으로 흡수되고 말았다.[32] 그 바람에 지금 한국의 진보세력은 아예 무주공산이 되었다. 이제 시민사회는 특정 세력에 기대는 진영론을 벗어나 독립적이고 객관적인 비판의식을 지닌 시민단체로 거듭나야 할 것이다.

---

32) 강양구 외, 『한 번도 경험해보지 못한 나라』, 천년의상상, 2020.

신이 정치에 관심을 두지 않는다고 해서
정치가 당신을 자유롭게 두는 것은 아니다.

– 페리클레스(고대 그리스 정치가)

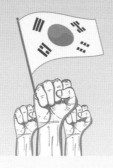

2장

골든타임 돌파를 위한 국가 전략

원칙과 상식의 회복

    사람들의 가치관은 각자 다르다. 다른 가치관을 가진 사람들이 소통하려면, 그들 사이에 공통분모가 존재해야 한다. 하지만 그 공통분모는 강요를 통해 얻어져서는 안 된다. 사람들이 서로 다른 생각을 인정하고, 토론과 논쟁을 통해 차이를 좁혀 합의점을 넓혀가야 한다. 그런 방식으로 대다수의 성원이 공통의 것으로 하기로 합의한 것이 '상식'이다.[33] 이렇게 폭력적이지 않은 방식으로, 위에서 아래로가 아니라, 아래에서 위로 올라가는 방식으로 사회 공통의 가치관을 마련할 수 있다.

    이렇게 마련된 가치관은 물론 영원불변의 것이 아니라 시대의 변화에 열려 있어야 한다. 그저 이해관계를 조정하는 수준

---

33) 박웅현 외, 『생각수업』, 알키, 2015.

을 넘어 사회의 대다수가 합의하는 가치관을 만들어낼 때, 사회가 안정적으로 발전해 가는 것이다. 이런 방식으로 상식을 형성해가는 과정이 민주주의이고 정치라고 할 수 있다.

　민주주의와 양립할 수 있는 시민들 삶의 양상을 담고 있는 문화는 과연 어떤 것일까? 문화와 상관없이 제도만 잘 갖추어져 있다고 해서 민주주의가 잘 돌아가고, 국가와 사회가 융성해지는 건 아니다. 민주주의가 발전하려면 민주주의의 토양인 시민문화가 민주주의를 받쳐주어야 한다.

　선진 시민문화가 받쳐주지 못하면 민주주의는 전진하기 힘들다. 한 차원 높이 성숙할 수도 없다. 우리나라의 민주주의 제도는 한국의 문화적 토양에서 자생한 제도가 아니다. 서구의 산물이고, 서구에서 진화해 온 통치방식을 이식한 것이 민주주의제도다. 따라서 우리의 전통문화와 어울리지 못하는 측면이 많다. 우리나라에 맞는 민주주의를 정착시키고 성숙시키기 위해서는 새로운 문화적 기질을 양성해야 한다.

　우리에게 맞고 원칙과 상식에 기반한 민주주의를 위한 문화적 기반으로서 우리가 주목해야 할 요소들은 무엇일까?

　첫째, 겸손과 타협의 문화다. 민주주의는 원래 인간의 불완

전성을 가정하는 제도이고 시스템이다. 아무리 똑똑한 사람도 잘못을 범할 수 있고, 아무리 선한 사람도 권력을 쥐면 타락할 수 있다고 가정한다. 누구의 주장도 완벽하지 못하기 때문에 서로 토론하고 비판하는 과정을 거쳐 더 나은 공공적 선택에 이를 수 있다고 본다.

대화와 토론에 임해서는 상대방도 틀릴 수 있듯이, 자신도 틀릴 수 있음을 전제해야 한다. 비판은 이성적이어야 하며 확실한 근거를 바탕으로 삼아야 한다. 상대방의 의견을 존중하고 자기를 너무 내세우지 않아야 한다. 어느 판단이 더 나은지 의견이 상충할 때는 서로 조금씩 양보하고 타협해 새로운 판단을 만드는 것이 최선이다.

둘째, 사회적 자본이다. 사회적 신뢰, 준법정신, 타인을 위한 배려, 애국심, 이타적인 행동 같은 것을 뜻한다. 물론 이러한 문화요인은 비단 민주주의 사회뿐 아니라 어느 사회에나 유익한 덕목들이다. 이런 경향과 기질이 약하면 민주주의를 성숙시키는 데 그만큼 더 어려움을 겪을 가능성이 높다. 사회적 자본이 부족하면 사회비용이 증가한다. 개인이 지불하지는 않지만, 국가와 사회의 운영비용이 사회비용이다.

사회적 신뢰가 깨졌다고 가정해 보면 작은 부동산 매매계약에서조차 추가 공증이 필요하고, 보증인을 더 붙여야 하며, 계약 위반에 대비한 공탁금을 걸어야 한다. 이런 불편과 추가 활동이 모두 사회비용을 유발한다. 법을 무시하는 사람이 많을수록 공무원, 경찰과 검찰의 수를 늘려야 하고, 교도소를 증설해야 한다. 이는 결국 국민의 추가 부담으로 돌아온다.

셋째로 들 수 있는 문화적 요소는 공공정신이다. 국가나 사회는 그것을 구성하는 시민 모두의 공공재다. 그 공공재의 생산과 유지에 아무도 관심을 두지 않는다면, 더 성숙한 민주주의로 발전하기 어렵다. 공동체에 대한 관심과 참여, 공동체 자산에 손해를 끼치는 사람이나 단체에 대한 고발정신, 공동체의 운용 방식이나 미래에 대한 관심을 조직할 수 있는 시민사회 활동, 그리고 부정부패와 불법을 감시하는 시민정신이 없다면 우리 사회의 불법과 부당한 활동을 감시하고 처벌할 수 없다.

경찰과 검찰만으로는 부족하다. 시민의 도움이 절실하다. 원칙과 상식에 기반한 민주주의는 시민의 주인의식을 필요로 한다. 시민이 주인의식을 가져야 민주주의가 건전하게 성숙할 수 있다. 시민이 공익을 위하는 마음, 즉 공공정신 없이 이기적으로 행동한다면 민주주의는 퇴보할 수밖에 없다.

넷째, 인간의 평등권에 대한 사회적 수용을 들 수 있다. 민주주의는 자유권과 함께 평등권을 천부적 인권으로 인정하고 있다. 그러므로 민주주의 제도에는 평등의 정신이 내장되어 있어야 한다. 그러나 사회적, 경제적 관계에서 평등을 보장하기는 어렵다. 정치적으로나 법률적으로 평등을 보장하려고 노력하지만, 사회·경제적 인간관계에서는 평등이 손상되는 역학관계가 발생한다.

그래서 역설적으로 모든 인간은 법 앞에 평등할 뿐이다. 법 앞에 서지 않으면 누군가 불평등을 범하고 누군가는 불평등을 용인해야만 한다는 의미다. 문제는 불평등이 클수록 경제적으로 사회적으로 큰 사회적 비용을 지불하게 된다는 점이다. 단기적으로는 불평등으로 이익을 보는 사람이 있지만, 장기적으로는 착취의 함정에 빠져 모두가 허우적거린다. 여기서 평등이라는 개념에 대해 조심해야 한다. 민주주의에서의 평등은 기회의 평등이지, 결과의 평등은 아니다. 예를 들면 축구팀을 만들면서 누구나 축구팀에 평등하게 참여하도록 한다고 해서 평등을 실현하는 거라고 할 수 없다. 인간에게는 역량과 재능, 기질의 차이가 있다. 이것을 무시하는 게 평등은 아니다. 민주주의에서 중시하는 건 기회의 평등이다.

축구팀을 예로 들면 이기는 팀을 구성하는 평등을 생각해야 한다. 축구를 잘하는 사람들로 구성되는 평등을 떠올려야 한다. 축구를 못하는 사람이 부당하게 팀에 들어와 팀을 지게 만드는 건 평등이 아니다. 이는 예외 없이 모든 사회생활에 적용되는 원리다.

평등이 존중되는 사회에서는 모든 사람이 이기는 팀에서 일하게 된다. 각자의 역량과 인격이 가장 잘 발휘되는 분야에서 역할과 기능을 수행할 수 있기 때문이다. 민주주의에서 평등의 문화를 중시하는 이유는 그것이 이기는 팀(조직)으로 구성된 사회를 만들 수 있게 하며, 사회의 융성과 발전을 도모하는 데 유리하기 때문이다. 평등의 문화는 민주주의가 일구어낸 가장 아름다운 인류문명의 금자탑이다.

대한민국은 민주공화국이다. 공화국은 원래 공적 업무(respublica)라는 뜻이다. 공화국은 무엇보다 공공선을 위한 국가를 뜻한다. 모든 결정에서 공공선을 세우는 것은 정치인의 책무다.

민주주의와 공화주의는 서로 보완적 관계에 있다. 공화주의가 무너지면 대단히 위험해진다. 민주국가에는 의회의 국정조사, 감사원의 감사, 언론의 비판, 검찰의 수사, 법원의 판단

등 정부를 견제하는 여러 가지 장치가 있다.

새로운 시대정신은 공정, 정의, 공공선의 공화주의적 가치를 되살리는 과제와 관련이 있다. 공화주의는 원래 보수의 이념이다. 제3공화국 시절 보수당은 공화당이었다. 박정희 전 대통령이 국민연금과 국민건강보험을 도입했다는 사실을 망각하고 보수 이념이 신자유주의와 결합한 결과 국민들 머릿속에 보수당은 오직 기업과 가진 자들을 위한 정당이라는 인식이 각인되었다.[34]

우리는 원칙과 상식의 회복을 통한 공화국 건설이란 목표를 위해 노력해야 한다. 공화국을 꾸리기 위해서는 모두를 하나로 모을 어젠다가 필요하다. 어젠다는 사회를 하나로 모으는 목표나 원칙을 뜻한다.[35] 우리에게는 과거에 산업화와 민주화라는 확실한 어젠다가 있었다. 이제 원칙과 상식의 회복을 통한 새로운 대한민국을 이끌 어젠다를 세워야 한다. 공정, 정의, 공공선 등의 공화주의적 가치를 회복하는 것이 그 새로운 어젠다가 아닐까?

34) 진중권, 『진중권 보수를 말하다』, 동아일보사, 2020.
35) 조승래, 『공화국을 위하여』, 길, 2010.

민주주의에 두 가지 갈채를 보낸다.
하나는 다양성을 용인하기 때문이요,
또 하나는 비판을 허락하기 때문이다.

– 에드워드 포스터(영국 소설가)

삼권분립(三權分立)의 확실한 정립

    신뢰와 법치의 확립을 위해서는 삼권분립이 실질적으로 잘 지켜져야 한다. 우리나라의 헌법은 자유민주주의의 원리에 따라 국가의 기능을 입법과 행정, 사법으로 분립하고 있다. 민주주의의 가장 중요한 목표는 국가 권력을 자의적으로 휘두르는 전제적인 정부의 출현을 막는 것이다.[36]

    독재 치하에서는 국민의 자유와 재산을 보호하기가 어렵다. 역사적으로 전제 정부의 군주는 스스로 법을 만들어 집행하고, 재판까지 수행하는 무소불위의 전권을 행사했다. 자신의 통치에 필요하면 마음대로 법을 제정하고, 자기 마음대로 법을 해석해 적용했다. 자신의 통치를 비판하거나 저항하는 사

---

36) 김영평 외, 『민주주의는 만능인가?』, 가갸날, 2021.

람들을 멋대로 법정에 세워 형벌을 가하기도 했다. 민주주의 제도는 집권자가 독단적으로 국가의 모든 권력을 독점하여 무소불위의 권력을 행사하지 못하도록 만드는 제도다.

미국 건국의 아버지들은 민주주의 정부 형태를 채택하는데, 국가 권력을 여러 기관이 나누어 관장함으로써, 권력 독점에서 야기되는 권력의 남용과 사적 이용을 막을 수 있는 제도를 구상했다. 미국은 정부의 권력을 3부로 나누어 행사하는 제도를 최초로 수립했고, 오늘날 대부분의 민주주의 정부가 이를 따르고 있다. 삼권분립은 국가 권력의 독점, 즉 독재의 출현을 방어하기 위한 핵심 기제다. 이 제도는 서로 분리되어 있는 국가 권력, 즉 입법권, 행정권, 사법권 사이의 상호 견제와 균형을 가능하게 만든다.

3부는 각기 독립적 존재이지만 서로 간섭하지 않을 수 없는 이율배반적인 관계 속에 있다. 예컨대 행정권을 담당하는 대통령이 법을 무시하고 자기 세력에게 유리한 정부 사업이나 정책을 추진한다면 우선 입법부 야당이 가만히 있지 않을 것이다. 행정부의 불법적 조치나 행동으로 손해를 본 사람들은 자기 지역구 출신 의원들에게 호소하고 경우에 따라서 소송을 제기하기도 할 것이다.

그러면 사법부는 행정부의 조치와 행동이 불법인지 여부를 가려 법률 위반이나 헌법 위반으로 판결할 것이다. 국회의 입법이 국익에 합치되지 않는다고 판단한 대통령은 거부권을 행사할 수 있고, 국회가 이를 뒤집기 위해서는 충분한 힘을 모으지 않으면 안 된다. 국회의 독재는 행정부가 법 집행 차원에서 저항적으로 행동하고, 사법부는 헌법 불합치 판결이나 헌법 위반 판결을 통해 효력이 없는 법으로 만들어 버릴 수 있다.

이처럼 삼권분립은 견제와 균형의 원리 위에 서 있어 전제나 독재 정치를 방어하는데 효과적인 장치로 기능한다. 삼권분립은 더 나아가 현명한 정치적, 정책적 결정을 도출하도록 유도한다. 민주주의가 가진 절차적 합리성 덕택이다. 민주주의는 어떤 구체적인 국가 목표의 실현을 지향한다기보다는 그런 목표를 찾아 나가고 이룩해나가는 과정과 절차를 통해 합리성을 확보하고 유지할 수 있도록 해주는 정치체제다. 민주주의 정부를 오랜 기간 유지한 대부분의 국가가 선진국 대열에 진입한 건 그들이 바로 견제와 균형의 원리를 잘 작동시킴으로써 좀 더 현명한 정치적, 정책적 선택과 결정을 할 수 있었기 때문이다.

견제와 균형의 원리를 대변하는 삼권분립은 국가적으로 현명한 선택에 이르게 하는 방법이기도 하다. 권력의 분립은 분립된 실체들이 각자 독자적으로 판단한다는 뜻이다. 이것은 같은 사안에 대하여 서로 다르게 판단할 수 있음을 의미한다. 같은 문제를 놓고 서로 다르게 판단한다면, 어떤 판단이 옳은지 논란이 생길 것이다. 자신의 주장이 더 옳다고 주장하려면, 다른 주장들의 약점이나 모순을 지적해야 한다. 비판이 활발해질 것이고, 이런 비판의 과정을 통해 그릇된 판단은 배제되고, 조금이라도 나은 대안이 선택된다.

국가 전체적으로 수많은 정치적, 정책적 판단이 비판적 토론 과정을 거치게 되면, 치명적으로 잘못된 결정을 걸러낼 가능성이 높아진다. 민주주의의 발전은 국가 운영에서 비판이 더 원활하게 이루어지도록 하는 제도가 정착되었음을 뜻한다. 비판이 원활하게 이루어지려면 우선 언론의 자유를 비롯한 기본권이 보장되어야 한다. 가능한 범위에서 정보가 공개되어야 한다. 논쟁이 순탄하게 이루어질 수 있도록 훼방꾼이나 폭력적 세력을 배제하고 제거해야 한다. 특정 세력의 주장을 신성시하는 분위기나 문화를 배격해야 한다.

삼권분립은 사회의 다양성을 증대시킨다. 분립된 권력들이 각자 자신의 목소리를 내면 다양한 주장들이 전개될 것이다. 개방성과 신축성도 향상된다. 이질적인 요소들 사이의 이합집산이 일어나고, 자유재량으로 인해 변화를 시도하는 게 쉽다. 새로운 실험적 활동이 활성화되고, 사회 전체의 창의성이 살아난다. 역동성이 커지고, 발상이 더욱 다양하게 전개되는 선순환이 일어난다.

권력 분립은 다양성을 허용하는 장치라고 볼 수 있다. 모순이 허용되어야만 창의성이 발현된다. 사회는 역동성이 있어야 창의력이 생기고 도약한다. 모순적 활동과 발상들이 자유롭게 경쟁하고 결합하고 공존해야만 역동성이 나타난다.

민주주의 사회가 권위주의나 공산주의 사회보다 더 역동적이고 진취적인 이유가 바로 여기에 있다. 다양성을 허용하는 모순을 권력 분립이 소화하고 감당해내기 때문이다. 모순이 파괴적으로 흐르지 않게 관리하는 일이야말로 민주주의 정부의 핵심적인 역할이다. 삼권분립을 비롯한 권력 분립은 민주주의 사회를 역동적으로 움직이게 하는 엔진인 것이다.

지배하는 것을 배우는 것은 쉽고,
통치하는 것을 배우는 것은 어렵다.

– 요한 볼프강 괴테

저출산 극복과 공교육 강화

통계청의 '2022년 인구동향조사'에 따르면 한국 합계출산율은 역대 최저인 0.78명인 것으로 나타났다. 대한민국의 출산율은 OECD 꼴찌를 넘어 전 세계 꼴찌다. 최근 3년간 출생률을 보면 그 심각성이 드러난다. 출생아 수에서 2020년 27만 2,400명이던 것이, 2021년 26만 500명이었고, 2022년 24만 9,000명을 기록했다.

저출산 문제는 복합적인 사회적 요인에 따른 현상이기에 간단히 설명하기가 어렵다. 유교적 가족관, 물질만능주의, 무한 경쟁적인 사회 분위기, 급격한 사회변화에 따른 계층 갈등의 심화 등 많은 요인이 얽혀 있다.

2019년 한국보건사회연구원의 설문조사 결과에 따르면 출산을 하지 않는 이유로는 경제적 불안정, 양육 부담, 무자녀

생활의 여유로움 등이 확인되었다. 또한 비혼자 중 비자발적 비혼자가 80%를 차지한 것으로 볼 때 단순히 개인 문제가 아닌 사회 문제와 저출산이 연관되어 있음을 알 수 있다.

하지만 이 많은 요인 중에서도 비정규직 급증과 고용불안이 출산율 저하의 중요한 원인 중 하나로 생각된다.[37] 육아는 안정적인 소득이 뒷받침되어야 가능하다. 2020년 8월 기준 비정규직 근로자 수는 742만 6000명이다. 이는 전체 임금근로자 2044만 6000명 중 36.3%로 OECD 최고 수준이다. 2010년에는 568만 5000명이었으니까 10년 만에 174만 명 정도 늘어난 셈이다.

비정규직 급증과 고용불안 등 일자리 문제 중 특히 청년 일자리 문제가 저출산에 큰 영향을 주고 있다. 2011년부터 2022년까지 한국의 경제성장률은 2~3%대에 머물렀다. 경제성장률이 떨어지면 임금상승률도 저하된다. 수입이 줄면 소비가 줄고 내수가 위축되어 경기가 나빠진다.

산업구조 재편도 청년 일자리에 영향을 준다. 2008년 금융위기 이후 좋은 일자리를 만드는 자동차, 조선, 철강, 건설기계와 같은 제조업은 둔화 추세다. 제조업의 위축은 일자리 감

---

37) KBS명견만리제작팀, 『명견만리-인구, 경제, 북한, 의료편』, 인플루엔셜, 2016.

소로 이어졌고, 신규 고용의 감소로 나타났다. 제조업 자리를 대신하는 IT 분야의 일자리는 대부분 중소기업이라서 고용창출 규모가 크지 않았다. 사정이 이렇다 보니 결국 청년들이 선택하는 것은 단기계약직이나 비정규직 일자리였다.

저출산의 대표적 원인으로 높은 부동산 가격, 교육비 및 점증하는 경제적 불안 등의 경제적 요인을 꼽을 수 있다. 주택가격, 실업률, 사교육비는 저출산과 명확한 상관관계가 있다.

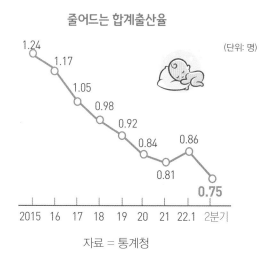

지난해 인구보건복지협회가 실시한 '저출산 인식조사'결과, 청년세대(만 19~34세)가 출산을 원치 않는 가장 큰 이유는 양육비·교육비 등 경제적 부담(57%)이었다. 특히 사교육비는 학

부모들에게 가장 큰 부담 중 하나다. 결국 사교육비를 포함한 양육비 부담이 우리나라 저출산의 가장 큰 걸림돌이다.

올해 초 교육부와 통계청이 발표한 '2022년 초·중·고 사교육비 조사결과', 사교육비 총액은 약 26조 원으로 2021년(23조4000억 원)에 비해 11%가량 증가했다. 조사가 시작된 2007년 이후 최고치다. 학생 1인당 월평균 사교육비는 41만 원으로 급증했다. 2020년(30만2000원), 2021년(36만7000원) 이후 계속 상승하는 추세다.

학년이 올라갈수록 사교육비도 높아지는 추세이다. 학생 1인당 월평균 사교육비는 초등학생 37만2000원, 중학생 43만8000원, 고등학생 46만 원이다. 사교육 참여율(78.3%)도 역대 가장 높았고, 초등학생의 85.2%가 사교육을 이용하는 것으로 나타났다. 더욱이 학생 수(528만 명)는 4만 명 줄었는데 사교육비는 2조 6000억 원이 늘었다. 사교육비 부담이 갈수록 커지고 있는 것이다.

사교육비 총액은 2018년 19조5000억 원, 2019년 21조 원, 2020년 19조4000억 원, 2021년 23조4000억 원, 2022년 26조원을 기록했다. 코로나19 확산으로 인해 2020년 소폭 감소했을 뿐 매년 증가 추세를 보였다.

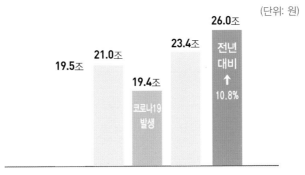

전국 초중고 사교육비 총액

(단위: 원)

26.0조

전년
대비
↑
10.8%

23.4조

21.0조

19.5조

19.4조

코로나19
발생

2018년 2019년 2020년 2021년 2022년

자료 = 통계청, 교육부

　사교육비 부담이 커지는데도 학부모들이 사교육에 의존하
는 이유는 학교 교육에만 의존하기에는 미덥지 않기 때문이
다. 해마다 늘어나는 사교육비에 대한 교육 당국의 대책은 전
무하다. 학부모들은 이제라도 양육비의 상당 부분을 차지하는
사교육비를 줄일 대안 마련이 절실하다고 지적한다. 대다수의
학부모들은 사교육비는 계속 늘어나는데, 애 낳고 키우고 일
까지 하려면 너무 힘든 곳이 대한민국이라고 외치고 있다.

　과도한 사교육은 아이들의 의존심을 심화시킨다. 의존심을
극복하는 가장 좋은 방법은 스스로의 힘으로 무언가를 해내는

데 있다. 그 과정에서 자기의 힘과 잠재력을 신뢰하게 되어 자신감이 향상되어야 아이들은 비로소 독립심을 가질 수 있다. 점점 더 많은 한국인들이 한편으로는 어릴 때부터 잘못된 양육과 지나친 사교육을 받고, 다른 편으로는 커서도 부모들이 자식들을 놓아주지 않으려고 하는 탓에 의존심을 극복하지 못한다.[38]

사교육 없이도 아이를 기를 수 있다면, 출산율이 지금보다 상당히 높아질 것이다. 저출산 대책은 아이의 생애주기에서 현재 문제가 되거나 어려운 걸림돌을 하나씩 풀어나가는 쪽으로, 미시적이면서도 체감이 되는 현실적인 대안으로 풀어야 할 것이다. 그중에서도 공교육의 정상화와 수업 역량의 강화로 사교육비를 대폭 줄이는 것이 가장 절실한 사교육비 대책일 것이다.

38] 김태형, 『불안증폭사회』, 위즈덤하우스, 2010.

<표> 소득구간별 학생 1인당 월평균 사교육비

(단위: 만 원)

구분	200만 원 미만	200-300만 원	300-400만 원	400-500만 원	500-600만 원	600-700만 원	700만 원 이상
2007	9.2	17.7	24.1	30.3	34.4	38.8	46.8
2019	10.4	17.0	23.4	30.0	35.4	40.4	51.5

자료 = 통계청, 교육부

사교육의 영향력을 줄일 수 있는 가장 확실한 방법은 공교육을 강화하는 것이다. 다양한 교육수요를 공교육에서 대부분 충족할 수 있다면 사교육에 의지할 필요 자체가 거의 없어진다. 그동안 교육 당국은 경쟁과 서열화를 탓할 뿐 공교육 자체에 책임을 묻지 않았다. 공교육을 오염시키거나 왜곡시키는 요소들을 걷어내는 데만 집중해 왔다. 정부와 교육계가 발 벗고 나서야 한다. 공교육을 강화하는 길이 사교육을 줄이고 학부모들의 부담을 덜어주어, 결국 저출산 문제 해결로 이어진다는 점을 명심해야 한다.[39]

---

39) 김병곤, 『대한민국 미래교육혁명』, 가연, 2021.

정치란 가능성의 기술이다.
가능성의 한계를 넘으면 모험주의가 시작된다.

– 미하일 고르바초프

교권회복과 능력주의 확립

지난 7월 18일 서울 서이초등학교 교실에서 임용 2년 차 초등 여교사가 스스로 목숨을 끊는 비극적인 사건이 발생했다. 이 사건의 원인으로 학교에서 훈육을 불가능하게 만든 교육청과 교육부 그리고 이기적인 학부모의 책임이 지적되었다.

교육부가 올해 3월에 발표한 '교육활동침해 심의건수'에 따르면, 2022년에 3035건이 지적되었다. 3035건 중 학생·학부모의 교사 폭행은 12%에 달하는 361건이다. 학생·학부모의 교사를 대상으로 한 정서·신체적 학대, 고발·고소·소송 건수는 해마다 늘어나고 있다. 교육 활동 침해는 수업 방해, 교육 활동 부당 간섭, 폭언, 모욕, 상해·폭행, 명예훼손, 성폭력 범죄 등이 주를 이뤘고, 학부모가 가해자인 경우가 상당한 비중을 차지하고 있다.

저출산 여파로 한 명의 자녀를 지나치게 떠받드는 가정 분위기가 강해졌다. 그리고 내 아이가 승자가 돼야 한다는 강박관념이 학부모들을 사로잡고 있다. 적지 않은 학부모들이 자기 자녀의 잘못을 바로잡으려는 교사의 말이나 태도를 문제 삼으면서 그냥 넘어가지 않는다. 자녀가 학교에서 조금이라도 피해 보는 걸 견디지 못하고 거칠게 항의하는 부모들이 늘어나고 있다.

교사를 무시하고 멋대로 행동하는 '금쪽이'와 자기 자녀만 귀한 줄 아는 이기적인 부모들이 급증했다. 한 치의 주저함도 없이 학교에 항의하거나 해당 교사를 아동학대로 고소하는 문화가 자리 잡았다. 전국 시도교육청 자료에 따르면, 최근 5년간 교사가 아동학대로 고소·고발당해 수사가 시작된 사건은 1252건이었다. 이 중 경찰이 종결 또는 불기소한 사례가 53.9%(676건)이었다. 학생 인권만 강조하는 풍토에서 학부모는 극성인데, 교사들은 속수무책인 상황이다.

교권침해 심의 건수

2454

2662

3035건

2669

코로나
확산으로
비대면 수업—
늘어난 영향

1197

2018년 2019년 2020년 2021년 2022년

자료 = 교육부

'이해찬 세대'로 불리는 학생들이 있었다. 이해찬 전 더불어민주당 대표가 교육부 장관으로 재직했던 1998~1999년 당시 고등학생이었던 1983~1984년생들이다. 학번으로는 2002~2003학번이다. 이들에겐 '단군 이래 최저학력'이란 불명예스러운 꼬리표가 따라붙었다.

1998년 당시 이해찬 교육부 장관은 '공부 못해도 한 가지만 잘하면 대학 갈 수 있다', '특기 하나로 대학에 갈 수 있다'

며 대학 무시험전형 확대를 주장했다. 이에 따라 야간 자율학습·보충수업·월간 모의고사 등이 폐지됐고, 학생들은 '당구 하나만 잘 쳐도 대학을 갈 수 있다'면서 대학수학능력시험을 안이하게 대비했다.

그러나 교육부 장관 발표를 믿었던 '이해찬 세대'는 뒤통수를 맞았다. 2002학년도 수능이 역대 최고 수준의 난이도를 기록한 것이다. 이후에도 '불수능'은 자주 이어졌고, 공교육에 대한 불신은 걷잡을 수 없이 확산됐다. 수험생과 학부모의 뒤통수를 친 '이해찬표 대입정책'은 사교육 시장을 급속도로 팽창시켰다.

야간자율학습 등이 폐지되면서 강남 학부모들을 중심으로 마음껏 아이들 사교육을 시킬 수 있었는데, 그 결과 이해찬 세대에서 상위권 대학에 간 학생들 중 대다수가 강남 사는 수험생이었다. 그 여파가 전국적으로 이어졌고, 사교육 우위의 교육 현실을 만들게 되었던 결정적 계기를 제공한다.

여기에다 교실과 교권 붕괴를 가속한 게 있는데, 그것이 학생인권조례 시행이다. 학생인권조례는 좌파 교육감들의 역점사업으로, 2009년 좌파 진영의 김상곤 경기도 교육감에 의해 최초로 발의됐는데, 그 조례는 2010년 경기도의회를 통과, 2011년 경기 학생인권조례로 처음 시행됐다. 이후 광주, 서울, 전북, 충남, 제주, 인천 순으로 시행됐다. 시행하지 않는 곳도 이 조례의 영향권에서 크게 벗어날 수 없었다.

학생인권조례는 오로지 학생의 권리와 자유를 최우선·최대한 보장하는 방향으로 제정됐다. 권리와 자유에 상응하는 책임과 의무를 규정하는 조항은 찾아볼 수 없다. 교사의 수업권을 방해하는 일부 학생의 언행이 자유와 권리 행사라는 명분 아래 용인됐다. 오히려 교사가 학생 행동을 지적하면 학대가 되고, 인권 침해가 됐다. 소수 학생의 교사 수업권 방해가 곧 다른 대다수 학생의 학습권을 방해하는 것인데도 학생을 말릴 방법이 전혀 없었다. 이 역시 민원에 따라 혹은 법적 고소에 따라 학대 혹은 인권 침해가 될 수 있었기 때문이다.

과거 교사들이 학생 지도를 빌미로 인격을 무시하거나 체벌을 행사했던 일이 있었다. 이에 전교조가 학생인권조례 제정에 앞장섰다. 취지만 보면 학생을 위해 필요한 조치였다. 그러나 학생 인권을 교권과 대립하는 시각에서, 오로지 학생의 자유·권리에 초점을 둔 채 만들었고, 교육 현장에서 이를 적용하면서 문제가 커졌다.

이로 인해 학생 인권과 교권 간의 균형이 완전히 깨졌다. 전교조는 학생 인권 중시를 '수요자 중심 교육'이라고 말했다. 이는 교사와 학생의 관계를 스승과 제자의 관계에서 직원과 고객의 관계로 바꿔놓은 것이다. 요즘은 전교조 소속 교사들조차도, 좌파 교육의 상징처럼 돼 있는 서울시교육청의 조희연 교육감조차 학생인권조례 개정의 필요성에 공감한다. 그만큼 교권 침해와 교실 붕괴 상황이 심각하다는 것이고, '수요자 중심 교육'만큼 '공급자 중심 교육'이 중요해졌다는 의미다.

학생인권조례와 교권 침해는 긴밀하게 연결돼 있다. 학생인권조례는 과거 권위적이고 억압적이었던 학교 문화 속에서 짓밟힌 학생들의 권리를 되찾아줬다는 긍정적 평가를 할 수 있다. 이는 학생 인권을 보장함으로써 모든 학생이 인간으로서의 존엄과 가치를 실현하며 자유롭고 행복한 삶을 영위할 수 있도록 한다는 취지로 만들어졌다. 하지만 교사가 학생을 훈육할 정당한 수단이 없어지고, 교사의 권리를 보호할 제도가 뒷받침되지 못하면서 교권 추락의 원인을 제공했다. 또한 학교나 교사가 학생을 무소불위의 존재로 여기도록 하는 독소조항들이 있어 조례 제정의 당초 취지와 목적이 퇴색했다.

교권과 학생 인권은 함께 가는 수레바퀴이며, 이 두 가지가 모두 좋아질 때 선생님과 학생 모두 행복한 학교가 된다. 그러나 좌파 교육감들이 학생 인권만을 강조하고, 학부모의 잘못된 이기심까지 더해져, 교권이 한없이 추락했다. 학생 인권 존중을 빌미로 교사의 정당한 학생 지도를 방해하는 조례를 폐지해서 교사의 정상적인 지도를 법적으로 보장해야 한다.

교육부와 교육청은 자신들이 만들어낸 이상적인 교육제도와 냉혹한 대학입시라는 현실 사이에서 격전지가 된 학교에 대한 책임감을 느껴야 한다. 학교에서는 시민의 역량을 가르치고, 학원에서는 공부를 가르쳐서 두 마리 토끼를 다 잡고 있다고 생각한다면 착각이다. 대학의 서열화를 해결할 수 없다면 대학입시와 연결될 수 있는 학교 교육목표를 설정해, 학교 밖에서의 선행교육을 막아서 교사와 학부모가 더 이상의 '을'들의 싸움을 하는 상황을 막아야 한다.

학교에 복지 명목으로 쏟아붓고 있는 예산을 정규 교사 수 확보에 써서 양질의 교육을 만들어 주어야 한다. 학생 수가 줄었으니 교사도 줄여야 한다고 생각하지 말고, 교사 1인당 학생 수를 줄여서 학교 교육만으로 충분한 공교육을 만들어야 한다.

교육의 수요자인 학부모가 학벌사회인 대한민국에서 대학입시를 학교에만 맡겨둘 수 없어 학원을 찾아다니고 있다. '남보다 빨리 남보다 많이!' 선행학습을 시키는 바람에 과잉교육이 되었고, 돈은 들였는데 돈값을 못 하는 자식을 보며 부모는 자식을 잡고, 학교에 민원을 넣게 된다. 부모의 교육열을 고려하지 못한 이상적인 제도로 공교육이 붕괴되는 건 정해진 수

순이었던 것이다.

학교를 학교답게, 가정을 가정답게 꾸릴 대안은 없을까? 첫째, 공교육이 미래사회를 지탱할 수 있는 강력한 근간이어야 한다. 학교가 학생을 바람직한 시민으로 성장시키기 위한 인성교육과 창의성 교육을 강화할 수 있도록 관련법을 개정해서, 교사를 보호해야 한다. 그래야 다른 학생도 보호하고, 이 사회의 미래도 있는 것이다. 우선적으로 아동학대법 개정이 시급하다.

둘째, 초등학교 때까지는 공부보다는 사회성을 키우기 위해 학교와 가정 그리고 사회가 모두 노력해야 한다. 아이가 바르고 따뜻하게 세상을 살 수 있도록 인성을 가르쳐야 하는 것은 부모의 의무지만, 누구보다 잘난 아이로 키우겠다고 생각하는 것은 부모의 욕심이다. 처음에는 먼저 시작했으니 잘하는 것처럼 보이겠지만 공부에 호기심을 잃은 아이들은 정작 중요한 시기에 '번 아웃'되는 경우가 많고, 대학에 가면 공부를 안 해도 되는 줄 아는 경우도 많다. 선진국들은 사춘기 이전에 과도하게 공부를 시키지 않고 다양한 경험을 통해 사회성을 키운다. 사회성이 잘 키워지면 사춘기 이후 아이들은 스스로 알아서 공부한다. 그게 진짜 공부다.

셋째, 교사의 말을 따르지 않거나 다른 학생에게 피해를 주는 학생을 지도할 수 있는 권한을 학교에 주어야 한다. 잘못하면 혼나는 게 책임의 시작이고, 잘못했으면 반성할 줄 알아야 바른 시민으로 성장한다. 아이는 미성숙하므로 실수할 수 있지만 그 실수에는 책임이 따르고, 다른 사람에게 피해를 주면 안 된다는 사실을 배울 수 있어야 한다.

넷째, 가정은 아이가 최초로 어른을 경험하는 곳으로 세상을 바라보는 눈을 키우는 중요한 장소다. 부모가 어린 자녀에게 공부만 강요하면서 최선을 다하고 있다고 생각해서는 안 된다. 아이에게 필요한 건 잘 먹고, 잘 자고, 잘 쉬고, 자연에서 놀면서 부모에게 사랑받고 있다는 것이다. 그렇게 부모와 애착 관계가 잘 형성된 아이들은 선생님에게도 친구들에게도 우호적이어서 좋은 대우를 받는다.

한국인 모두 학력주의(학벌주의) 사고에 빠져있다. 빈곤층의 사람들조차 그 빈곤의 문제를 자신의 탓으로 돌리고 차라리 자신을 포기한다. 한국 어느 곳에서나 1등만 알아주는 모습을 쉽게 찾아볼 수 있다. 여러 방송의 경연 프로에서는 1등에게 유독 많은 상금을 몰아준다.[40]

승자독식의 삶을 살아온 한국인들은 아마도 세계에서 가장

---

40) 강준만, 『개천에서 용나면 안 된다』, 인물과사상사, 2015.

치열하게 노력했을 것이다. 이는 단기간에 한국경제를 급성장시키는 원동력이 되었다. 그러나 그 뒷면에 승자에 포함되지 못하는 많은 이들의 마음은 피폐하고 자괴감에 빠져야 했다. 이 격차와 이로 발생하는 갈등 문제를 그대로 방치한다면, 개인의 불행을 넘어 사회적 갈등이 국가적 안정과 사회적 통합을 흔들고, 지금까지 나라를 발전시켜온 공든 탑을 무너뜨릴 수 있다.

치열한 경쟁 사회에서 한국인은 승자의 편에 서기 위해 어느 줄에 서건, 편 가르기에 나선다. 빈부갈등을 넘어, 고질적으로 이념 갈등과 정당 갈등이 높고, 그런 갈등은 심지어 한 가족 내에서 극심한 세대 갈등으로 이어지기도 한다. 또한 경쟁에서 이기기 위해 학연·지연이 중요한 편 가르기의 수단이 되어버렸다. 그 결과 능력보다 학력이 중요하고, 실력보다 어느 편에 줄 서는 것이 중요한 기회로 여겨지게 되었다. 그러한 학력 중심 사회는 지나친 입시경쟁과 부정 입학, 사교육비 가중으로 이어져 개인적·사회적 에너지를 낭비한다.

학벌을 강조하는 사회는 불가피하게 엘리트주의를 양산한다. 엘리트주의는 학벌로 국민을 계층화하고 등급으로 학교를 서열화한다.[41] 서울대를 비롯한 서울 소재 소위 상위권 명문대 출신들이 공직이나 사회 요직을 싹쓸이하도록 입시와 취업 구조를 제도화한다.

지방대는 학생들을 확보하지 못해 아사 직전으로 내몰린다. 한 세대가 지나고 나면 공고한 제도들은 상식이 된다. 엘리트주의가 상식이 되면, 학력 간 임금 격차와 학벌 중심의 평가가 학교와 기업 문화에 뿌리를 튼다. 모두가 이의를 제기하지 않고 이 문화에 순응하며, 입학이나 취업, 입사나 승진 모두 학벌이라는 기준으로 결정되는 현실을 인정한다. 이 모든 것이 어제의 교육이 만들어온 대표적 폐단이다.

교육이라는 백년대계를 다시 설계한다는 역사적 사명감을 갖고 교육개혁에 나서야 한다. 범정부적 실천과 시민사회 차원의 혁신 노력이 체계적으로 결합해야 한다. 정부와 대학, 기업과 사회 모두 학벌주의가 아닌 능력주의로 시스템을 바꿔야 한다. 학벌지상주의와 대학의 서열화를 극복하기 위해서는 입시제도의 개선과 함께 대학의 뼈를 깎는 개혁이 요구된다.

현행 수능을 자격시험으로 전환하고, 학생을 보다 다면적으로 평가할 수 있는 지표를 개발하여 입시전형에 적용해야 한

---

41) 박권일, 『한국의 능력주의』, 이데아, 2021.

다. 대학은 단순히 시험을 잘 보는 학생만 선발하는 게 아니라 자체적으로 다양한 전형을 개발하여 투명하고 공정한 입시가 될 수 있도록 솔선수범해야 한다.

이제껏 소외되어왔던 지방대학의 육성이 시급하다. 지역 내 산업별 특성과 특화된 학과를 중심으로 특성화 대학을 지정하고 정부가 과감하게 재정적 지원을 해야 한다. 대학의 서열화를 막기 위해 자유로운 학점 교류와 함께 복수 학위제를 검토해 볼 수 있을 것이다. 산학협력을 통해 지역 인재를 발굴하고 육성하는 프로그램을 개발하여 지방대학으로 뜻있는 학생들이 몰릴 수 있도록 해야 한다. 이를 위해 국가고시나 공무원 입시에 지방대학 출신들의 쿼터를 제도화하는 지역인재할당제도 좋은 방안이 될 수 있다.

기업도 학벌지상주의를 타파하기 위해 발 벗고 나서야 한다. 명문대 위주의 취업 구조를 개선하고 학벌 중시의 채용을 근절하여 능력 위주의 공정한 일자리 제공을 시도해야 한다. 대기업부터 학력 간 임금 격차를 해소하고 학벌에 따라 승진 기회를 주던 관행을 타파해야 한다. 이를 위해 능력을 통한 인센티브제를 더욱 확대해야 한다.

학벌지상주의가 만들어낸 사회적 편견을 해소하기 위해서

대학 간판이 아니라 오로지 능력으로 성공한 사례를 발굴하여 홍보에 이용하는 것도 좋은 방안이다. 학벌주의에서 능력주의로의 대전환이 일어날 때 사회에 뿌리를 내리고 있는 명문대 집중 현상이 사라지면서 전국의 대학이 균형 발전을 할 수 있을 것이다.

능력만 있으면 배경이나 돈에 구애받지 않고 누구나 공부할 수 있는 사회, 명문대를 졸업하지 않아도 얼마든지 자신의 분야에서 최고가 될 수 있는 사회를 만들어야 한다. 인재를 뽑을 때 학벌이나 간판보다는 인성과 능력이 우선되는 사회는 불가능하지 않다. 1등만 기억하는 엘리트 교육에서 한 학교와 한 교실에 있는 학생들 하나하나가 고유하고 소중한 이름으로 기억되고 불리는 교육으로 나아가는 것은 우리 모두의 바람일 것이다.

자원이 없는 한국이 비약적인 발전을 이루기까지는 교육의 힘이 가장 큰 역할을 했다. 특히 지난 세월 소위 명문대의 우수한 인재들이 첨단 지식과 기술을 확보해 한국의 산업화와 근대화의 성공에 기여한 점은 높이 평가받아야 한다.

하지만 능력주의의 범위를 벗어나 학벌주의가 득세하면 여러 가지 부작용이 나타난다. 개인의 능력과는 상관없이 오로지 출신 학교의 지위만을 개인 평가의 잣대로 여기는 사회 현상은 많은 폐단을 낳게 된다. 학창 시절 한 번 획득한 대학 졸업장에 의해 평생 사회적 지위가 결정된다면, 잠재력이 많은 우수한 인재들의 도전 기회가 봉쇄된다.

저출산, 사교육, 교권 붕괴, 학벌지상주의 등 교육을 둘러싼 수많은 문제가 불거지고 있는 지금이야말로 제대로 바꿔나가야 할 때다. 모든 개혁의 근간인 교육개혁을 착실하게 추진하여 대한민국의 재도약과 사회 통합을 달성해야 한다.

정치의 목적은 선을 행하기 쉽고
악을 행하기 어려운 사회를 건설하는 데 있다.

– 윌리엄 글래드스턴(영국 전 총리)

혁신성장과 구조개혁의 추진

　경제학에서는 노동, 자본, 기술을 3대 생산요소라고 부른
다. 무언가를 만들려면 노동력을 투입하거나 자본을 도입하거
나 기술이 있어야 한다. 이 중에서 노동은 가장 기본이 되는
생산요소로서 수많은 개발도상국은 저임금 노동력에 의존해
경제발전을 이루어 왔다. 하지만 경제가 발전하게 되면 점차
더 많은 자본이 필요하게 된다. 과거 발전 과정에서 한국과 일
본 등은 주로 국내 저축의 확대를 통해 자본을 축적해 갔다면,
중국의 경우에는 해외로부터의 자본 도입을 통해 경제발전의
토대를 마련했다.

　그런데 노동과 자본이라는 기본 생산요소에 입각한 경제성
장은 언젠가 한계에 부닥치기 마련이다. 경제가 발전할수록
인구는 정체되고 인건비는 상승한다. 또한 고령화가 진행될수

록 국내 저축률은 떨어지고 해외 자본도 보다 유리한 투자처를 찾아 국내를 떠나게 된다. 1990년대 이후 장기침체에 빠진 일본이 그랬고 지난 10여 년 동안 한국에서 이러한 현상이 나타났으며 최근 중국에서도 이러한 상황이 시작되었다.

이러한 현상은 과거 유럽이나 미국 등 선진국에서도 나타났는데 선진국들은 이를 기술혁신을 통해서 극복하려고 노력했다. 기술이라는 세 번째 생산요소에 집중했다. 신기술을 개발하고 기존 기술체계에서 생산성을 높이려 노력한다면, 노동과 자본 위주의 경제성장의 한계를 뛰어넘을 수 있다는 점을 깨달은 것이다. 이를 통해 많은 선진국은 노동과 자본의 축적은 유한하지만 기술의 혁신은 무한하다고 믿게 되었다.

노동, 자본, 기술이라는 3대 생산요소 중에서 오늘날의 선진국들은 기술을 중심으로 생산하고 성장하는 시대에 진입했다. 그렇다면 어떻게 효율적으로 기술혁신을 하고 이를 확산시킬 것인가가 최대 과제로 꼽힌다.

한국의 경제발전 단계가 선진국 수준으로 올라선 상황에서 앞으로 노동과 자본 투입을 지속적으로 증가시켜 성장을 이어가는 것은 불가능하다. 따라서 우리 경제의 지속적인 성장을 위해서는 기술혁신이 무엇보다 중요하다는 점을 인식해야 한다. 한국의 미래는 왕성한 기술혁신이 일어나서 신제품이 나오고 생산성이 향상될 때에 비로소 밝아질 것이다.

그렇다면 한국이 기술이라는 제3의 생산요소에 집중하여 왕성한 기술혁신에 기반한 혁신성장을 실현하려면 어떻게 해야 할까? 한마디로 말하면 기술혁신이 활발히 일어나도록 사회를 바꿔야 한다. 거의 1%대까지 떨어진 잠재성장률을 끌어올리기 위해서는 경제 및 사회 전반에 걸친 변혁 즉 구조개혁 외에 방법이 없다.

<그림 1> 국가별 노동생산성 비교
1시간 근로당 GDP 창출분 측정, 2021년 기준

(단위: 달러)

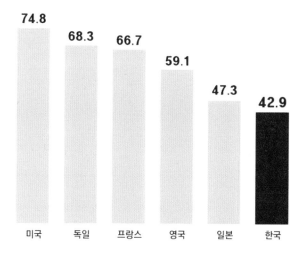

자료 = OECD, 2022년

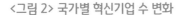

\<그림 2\> 국가별 혁신기업 수 변화

(단위: 개)

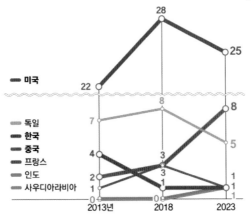

자료 = 대한상공회의소, BCG

\<그림 3\> 국가별 혁신 역동성 지수 변화

(단위: 개)

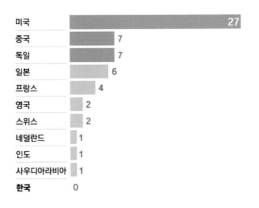

자료 = 대한상공회의소, BCG

〈그림 1〉에서 확인할 수 있듯이, 현재 OECD 주요 국가 중에서 미국경제는 최상의 생산성을 자랑하고 있다. 반면 한국경제의 생산성은 미국의 60%에도 못 미치는 등 OECD 국가 중 하위권에 머무르고 있다. 〈그림 2〉는 세계적인 권위를 자랑하는 보스턴컨설팅그룹(BCG)에서 발표한 2023년 '세계 50대 혁신기업'리스트를 중앙일보와 대한상공회의소가 공동으로 2013년과 2018년, 올해 리스트를 국가별로 비교한 것이다. 이를 통해 최근 기술혁신 측면에서도 비야디(BYD)나 샤오미 등 중국기업의 약진이 나타나고 있지만 여전히 전체 절반 정도를 미국기업들이 차지하고 있음을 알 수 있다.

또한 〈그림 3〉을 통해서, 혁신기업의 탄생과 몰락이 얼마나 활발하게 이뤄지는지 보여주는 '역동성 지수'에 있어서도 미국의 압도적 우위가 이어지고 있음을 알 수 있다. 한국은 2018년과 올해 모두 삼성전자(7위)가 유일하게 혁신기업으로 뽑혔으나 혁신 역동성 측면에서 변화가 없었다.

이렇게 생산성과 혁신 측면에서 한국의 성적표를 받아보면, 이 국가들과의 혁신 경쟁에서 과연 한국이 살아남을 수 있을까 하는 회의가 든다. 그렇다면 한국을 혁신국가로 만들려면 무엇이 필요할 것인가?

많은 전문가의 진단을 종합해 보면, 한국 노동시장의 경직성을 낮추고, 혁신 투자를 늘리기 위한 규제개혁과 창의적 인재를 기르기 위한 교육개혁이 절실하다는 점으로 요약된다. 결국 한국은 경제와 사회 전반에 걸친 철저한 구조개혁과 생산성 향상을 통한 혁신성장을 추구해야 성장 잠재력을 올릴 수 있다.

문재인 정부는 집권 초기 '소득주도성장'을 내세워 성장률 반등을 시도했다. 앞에서 살펴보았듯이, 소득주도성장 노선의 골자는 임금을 중심으로 가계소득이 늘어나면 가계의 소비가 증대되고, 이는 기업의 투자 확대로 이어져 경제성장의 선순환 고리를 만들 수 있다는 것이었다.

그러나 그 이후의 잠재성장률 하락이 말하듯이, 이 성장정책은 성공하지 못했다. 그러자 새로운 정책으로서 혁신성장을 들고나왔다. 하지만 이 또한 성공적이라는 평가를 받지 못하고 있다. 오히려 문재인 정부 말기로 접어들면서는 혁신성장이라는 말 자체도 들리지 않게 되었다.

구조개혁과 혁신성장은 맞물려 있다. 즉 성장이 정체된 상황에서는 구조개혁이 성공적으로 이루어져야 그 토대 위에서 혁신성장이 가능해진다. 그렇다면 문재인 정부에서 혁신성장이 성공적이지 못했던 것은 구조개혁이 제대로 추진되지 못했기 때문으로 보아야 할 것이다. 즉 노동시장의 유연성 확보, 혁신 투자를 가로막는 규제 철폐, 창의성 교육 강화를 위한 교육개혁 등이 제대로 추진되지 못한 것이다. 이 상황에서 생산성 향상과 기술혁신을 통한 성장 잠재력 회복을 기대한다는 것은 애초 불가능했던 것임을 알 수 있다.

윤석열 정부에서 교육, 노동과 함께 연금개혁을 3대 개혁 과제로 추진하는 것은 매우 다행스러운 일이다. 연금개혁은 그 자체로 사회의 지속가능성을 위해 꼭 필요한 일이지만, 교육과 노동 개혁은 우리 사회 구조개혁의 핵심으로서 혁신성장을 위해 필수적인 일이다. 교육을 통해 창의적인 인재를 만들어내고 노동자들의 권리를 보장하면서도 노동시장의 유연성을 높이는 일이 혁신성장의 기본 요소다. 특히 20세기에 이어 21세기에도 미국이 세계의 기술혁신을 선도하는 것을 보면, 그 이면에 미국의 창의적인 교육시스템과 유연한 노동시장이 자리 잡고 있음을 알 수 있다.

개혁(改革)이란 말이 상징하듯이, 현상을 바꾸어 새롭게 한다는 것은 무척 어려운 일이다. 무엇보다도 각각의 현장에 자리 잡은 수많은 기득권층의 저항이 개혁을 어렵게 한다. 우리 역사를 보더라도 갑오개혁의 실패 등 많은 개혁들이 좌초했고, 이웃 나라 일본을 보더라도 최근의 고이즈미, 아베 정부에서 그토록 열망했던 구조개혁이 성공하지 못했다. 그 원인은 개혁의 대상이 되는 기득권층의 반발이 심했거나 아니면 개혁 추진 세력의 힘이 약했던 것으로밖에 볼 수 없다.

윤석열 정부에서 강조하는 3대 개혁의 실현은 대한민국의 미래 성장동력을 회복하는 데 있어서 너무나도 중요한 일이다. 하지만 교육개혁과 노동개혁이 성공하려면 기존의 교육계와 노동계 등과의 충분한 대화와 설득이 반드시 필요하다. 동시에 윤석열 정부와 함께 입법부에서의 협조가 반드시 필요하다. 또한 무엇보다도 교육 노동 등 구조개혁 없이 대한민국의 미래가 없다는 절박함을 많은 국민들이 공유할 수 있도록 끊임없는 노력이 이어져야 한다.

정치가는 정열과 책임감,
그리고 통찰력의 세 가지 자질을 가져야 한다.
정치가는 스스로 정치적 포부나 신념에 입각해서
국민의 지지를 획득하고 그 신념의 구현을 위해
투쟁하며
그 결과에 대해서 국민에 책임을 져야 한다.

– 막스 베버(독일 정치가, 사회학자)

중산층 복원과 현명한 복지

 경제적 성공과 사회적 실패는 심각한 한국 사회의 역설이다. 이것이 한국인의 행복감이 낮은 이유다. 경제성장이 자동으로 행복을 만드는 게 아니다. 인간의 행복에는 워낙 다양한 원인이 있기 때문에 정부가 모든 것을 해결할 수는 없으며 정부와 정치가 유일하고 가장 중요한 행위자도 아니다. 기업이 개인의 삶에 대한 만족에 큰 영향을 미치고 있으며, 가족, 종교단체, 학교, 공동체의 역할 또한 아주 중요하다.

 복지예산 규모의 확대만으로 행복감이 높아지는 것도 아니다. 복지 수준이 가장 높은 북유럽 국가가 영미권 국가보다 주관적 안녕이 높은 건 사실이지만, 복지 수준이 훨씬 낮은 중남미 국가의 주관적 안녕이 그보다 더 높을 수 있다. 복지 규모의 확대도 필요하지만, 가족과 친구, 동료와 함께 사는 사회적 관계도 중요한 것이다.

1987년 민주화 이후 노동자들이 시장 상황에 무력하게 휘둘리는 종속적 지위로 빠져들게 되었다. 김대중, 노무현 정부를 거치면서 비정규직 노동자의 규모가 정규직에 맞먹을 정도로 확대되었다는 사실만으로도 노동자의 사회 경제적 조건이 얼마나 취약해졌는지 보여준다. 재벌 대기업의 성과가 소수의 임원과 정규직 노동자에게만 집중되고 기업 외부의 다수 비정규직 노동자들이 배제된다면 사회는 분열된다.[42]

사회의 칸막이가 높아질수록 계급의 상처는 커진다. 비정규직 노동자는 정규직 노동자보다 소득만 낮은 게 아니라 건강과 행복감도 낮다. 세계 최고의 자살률과 세계 최저의 출산율을 보이는 한국 사회가 바로 슬픈 증거다.

한국 사회는 전쟁터다. 여기선 오직 힘만이 정의다. 약육강식, 우승열패, 적자생존의 원리에 근거한 사회진화론에 따라 움직이는 전쟁터인 것이다. 오늘의 한국 사회는 그야말로 약육강식의 법칙이 완전히 지배하는, 안전지대라고는 찾아볼 수 없는 소름 끼치는 격투장이 되어 버렸다.

---

42) 최장집, 『노동 없는 민주주의의 인간적 상처들』, 후마니타스, 2013.

혹자는 조선시대보다 더한 계급사회라고도 혹평한다. 능력과 노력만으로 가능했던, 자유로운 신분 이동은 과거의 유물이 되었다. 사회적 지위나 재산이라는 기득권이 사람들의 미래를 결정한다. 대한민국을 여기까지 끌고 온 힘, 그 역동성은 사라졌다. 고인 물은 썩는다. 정체되고 닫힌 사회는 병든다. 기회가 많고 역동적이었던 우리나라가 이젠 솔직히 현대판 세습사회나 다름없는 구조가 되어가고 있다.

그렇다면 이러한 구조적 문제들을 해소하여 국민들의 행복감을 높여야 할 텐데, 그건 정치의 몫이다. 우선 인간적 대안을 찾아야 한다. 기업의 소유와 경영 간 불평등을 줄이기 위해 민주주의, 정치적 평등, 자유의 가치를 조화롭게 달성하는 대안적 경제구조를 모색해야 한다.

또한 자유 시장경제의 효율성은 살리면서, 약육강식이 지배하는 시장으로부터 낙오자를 지키기 위해 정부와 정치권은 '사회안전망'을 보다 튼튼하게 정비해야 한다. 낙오자의 생명을 지키고 그들이 다시 도전할 수 있도록 만드는 것이 사회안전망의 역할이다. 따라서 정부와 정치권은 가급적 많은 예산을 시장 낙오자들을 비롯한 사회적 약자를 위한 복지에 써야 한다. 결국 사회안전망은 성장을 위한 것일 수도 있지만 분배 강화를 위한 것이기도 하다.

노동시장의 소득 격차를 줄이고 중산층을 복원하기 위해 기업의 임금분배 체계를 개혁해야 한다. 소득 증대가 경제 회복의 밑거름이 될 수 있도록 정책 결정자와 정치인이 지혜를 모아야 할 때다. 부유층과 빈곤층보다 중산층이 튼튼해야 사회가 유지될 수 있다.

OECD 주요국 국내총생산(GDP) 대비 사회복지 지출 비율

프랑스	31
핀란드	29
덴마크	28
독일	26
스페인	25
미국	19
네덜란드	16
한국	12
터키	12
멕시코	7

또한 '현명한 복지'에 대해서도 많은 고민을 해야 한다. 한국의 국내총생산(GDP) 대비 사회복지 지출 비중이 경제협력개발

기구(OECD) 38개 회원국 중 최하위권인 35위로 나타났다. 국회예산정책처가 2021년에 펴낸 'OECD 주요국의 공공사회복지 지출 현황' 보고서를 보면 한국의 GDP 대비 공공사회복지 지출 비율은 OECD 평균(20.0%) 이하인 12.2%(2019년 기준)로 집계됐다. OECD 가입 심사 중인 코스타리카를 포함한 38개 회원국 중 35번째로 낮다. 한국보다 순위가 낮은 국가는 멕시코, 칠레, 터키 등 3곳에 그쳤다.

회원국 중에서는 프랑스의 GDP 대비 지출 비율(31%)이 가장 높았다. 이어 핀란드 · 벨기에(29%), 덴마크 · 이탈리아(28%), 오스트리아(27%), 독일(26%) 등이 상위권을 형성했다. OECD 공공사회복지 지출은 노인, 가족, 근로무능력자, 보건, 실업 등 9개 분야에 대한 공적 지출을 의미한다.

9개 분야에 대한 구성비를 보면, 대체로 노인과 보건 분야에 대한 지출 비중이 높았다. 전체 사회복지 지출에서 노인 영역 지출 비중이 높은 국가는 일본(45.1%), 프랑스(39.6%), 스웨덴(34.9%), 덴마크(33.0%) 등이다. 초고령사회인 일본의 만 65세 이상 노인인구 비중은 27.7%다. 프랑스(19.5%), 스웨덴(19.8%), 덴마크(19.2%) 등은 초고령사회에 근접했다. 보건 영역에 대한 지출 비중이 높은 국가는 미국(45.7%), 한국(40.7%), 영국(37.4%) 등이다. 한국은 노령연금제도의 미성숙으로 인해 상대적으로 보건 영역 지출 비중이 크다.

한국은 조세와 사회보장기여금 등 국민부담률이 26.7%로, 대표적인 저부담 · 저복지 국가로 분류됐다. 미국, 스위스, 터키, 칠레 등이 같은 저부담 · 저복지 국가로 분류된 반면 사회복지 지출 비율 1위인 프랑스는 국민부담률도 46.1%로 대표적인 고부담 · 고복지 국가로 분류됐다.

앞으로 한국은 복지 지출을 늘려갈 수밖에 없는데, 어떤 복지를 추구할 것인가에 대한 국민적 공감대가 필요하다. 의료나 교육 등 필수 서비스에 해당하는 분야는 모든 국민에게 동등한 복지혜택을 주는 보편적 복지가 요구되지만, 그 밖의 많은 분야에서는 복지를 꼭 필요로 하는 사람들에게 두텁게 더 많은 혜택이 가는 선별적 복지로 가는 것이 바람직하다.

그리고 복지 혜택을 늘려야 한다고 생각하는 많은 국민들은 그만큼 세금 부담도 늘어야 한다는 점을 받아들여야 한다. 대한민국이 중부담 · 중복지 국가로 가기 위해서는 우선적으로 국민적 공감대 형성이 선행되어야 한다. 현명한 복지가 정착되기 위해서는 많은 국민들의 관심과 참여가 요구된다.

"모든 국민은 인간으로서의 존엄과 가치를 가지며, 행복을 추구할 권리를 가진다." 우리나라 헌법 제10조에 규정된 행복 추구권이다. 국민의 행복 추구권은 권리이자 동시에 국가의 의무이기도 하다. 무엇보다 정치는 사회안전망을 비롯한 복지 체계를 탄탄히 정비해 국민이 행복할 수 있는 사회·경제적 토대를 마련해야 한다.[43]

---

43) 김윤태,『불평등이 문제다』, 휴머니스트, 2017.

정치란 백성의 눈물을 닦아주는 것이다.

– 자와할랄 네루(인도 독립운동가)

민주주의와 공화주의의 발전

　몽테스키외나 루소, 제임스 메디슨을 '현대 민주주의의 제도적 디자인을 이끈 철학자'로 여기지만, 당시 그들은 고대 아테네와 같은 민주주의를 계승할 수는 없다고 생각했다. 그들이 목표로 내걸었던 것은 공화국이나 공화정(republic)이었지, 민주정이나 민주주의는 분명히 아니었다. '미국 헌법의 아버지'로 불린 제임스 메디슨은 민주주의를 '선동에 취약한 작은 도시국가의 정치 체제'라고 비판했고, 연방 헌법을 통해 자신들이 만들고자 한 것은 '대표의 체계를 통해 파당들의 선동 정치가 만들어내는 폐해를 최소화할 수 있는 큰 규모의 공화국'임을 분명히 했다.

　2천여 년의 침묵을 깨고 미국에서 다시 역사의 전면에 등장한 민주주의는 아테네 민주주의와는 전혀 다른 것이었다. 사실 처음에는 민주주의라는 용어도 쓰지 않았다. 당시 미국은 스스로 '공화국'이라고 했는데, 이는 영국 왕을 몰아내고 군주제가 아니었기 때문이다.[44]

미국을 건국한 정치지도자들과 사상가들은 공화제를 구상하기는 했지만, 아테네와 같은 민주국가를 건설한다고 생각하지는 않았다. 아테네에 대해 그들은 부정적인 인상을 갖고 있었다. 이는 아테네에 대한 지식이 대부분, 아테네 민주주의의 신봉자들보다는 그것에 몹시 비판적이었던 아테네 출신의 작가와 지식인들로부터 비롯되었기 때문이다.[45]

미국 헌법이 제정된 후 20~30년 동안 미국은 민주국가로 불리지도 않았다. 오히려 연방주의자 논설을 작성한 알렉산더 해밀턴과 제임스 메디슨 등은 미국 민주주의가 그리스 민주주의와 비슷한 형태가 될 것을 우려했다. 그래서 그들은 그리스보다 규모가 크면서도 훨씬 합리적인, 그리고 다수 집단에 의해 좌지우지되지 않는 체제를 구상했다.

미국이 민주국가로 불리게 된 이유는 어떻게 보면 그저 정치 체제의 형태에 이름을 붙여야 했기 때문이다. 프랑스혁명

---

44) 유규오, 『EBS 다큐프라임 민주주의』, 후마니타스, 2016.
45) 박상훈, 『민주주의의 시간』, 후마니타스, 2017.

이후부터는 공화정과 여타 정치 체제 사이의 구분이 불분명해졌다. 즉, 미국이 스스로 민주국가라고 부르게 된 이유 가운데 하나는 프랑스혁명으로 세워진 공화정과 미국을 구분하기 위해서였다.

프랑스공화국은 정치적 특성이나 사회적 영향력의 측면에서 미국 공화국과 매우 달랐다. 미국은 사유재산권의 보장을 강력하고 일관되게 추구했다. 그러나 프랑스공화국은 사유 재산의 보호라는 측면에서 변덕스러웠기 때문에 사람들은 공화국을 매우 불신했다. 미국은 스스로 귀족 통치 국가라고 생각하지도 않았지만, 군주제에 대해선 매우 부정적이었다. 고대로부터 참고할 수 있는 정치 체제에는 세 가지가 있었다. 한 사람이 통치하는 군주제, 소수 엘리트가 지배하는 귀족정, 그리고 모든 시민에 의한 지배인 민주주의가 있었다. 미국은 군주제나 귀족정이 아닌 민주주의를 국가의 이념으로 채택했다.

프랑스혁명에서 가장 급진적이었던 민주주의 운동은 완벽하게 패배했다. 이 운동은 아테네 민주주의가 마케도니아의 침략으로 철저하게 정복당했던 것 이상으로 궤멸되었다. 민주주의는 유럽에서 아주 명백한 패자였다. 프랑스혁명이 끝나고 약 75년 동안 유럽에서 민주주의를 이룩한 국가는 스위스를 제외하고는 없었다. 즉 오랜 세월 민주주의는 현실적인 정치

형태로 간주되지 않았다.

프랑스혁명의 전개 과정

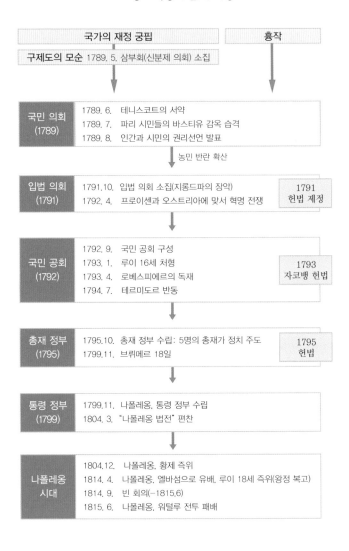

국가의 재정 궁핍	흉작

구제도의 모순 1789. 5. 삼부회(신분제 의회) 소집

국민 의회 (1789)
1789. 6. 테니스코트의 서약
1789. 7. 파리 시민들의 바스티유 감옥 습격
1789. 8. 인간과 시민의 권리선언 발표

농민 반란 확산

입법 의회 (1791)
1791.10. 입법 의회 소집(지롱드파의 장악)
1792. 4. 프로이센과 오스트리아에 맞서 혁명 전쟁

1791 헌법 제정

국민 공회 (1792)
1792. 9. 국민 공회 구성
1793. 1. 루이 16세 처형
1793. 4. 로베스피에르의 독재
1794. 7. 테르미도르 반동

1793 자코뱅 헌법

총재 정부 (1795)
1795.10. 총재 정부 수립: 5명의 총재가 정치 주도
1799.11. 브뤼메르 18일

1795 헌법

통령 정부 (1799)
1799.11. 나폴레옹, 통령 정부 수립
1804. 3. "나폴레옹 법전" 편찬

나폴레옹 시대
1804.12. 나폴레옹, 황제 즉위
1814. 4. 나폴레옹, 엘바섬으로 유배, 루이 18세 즉위(왕정 복고)
1814. 9. 빈 회의(~1815.6)
1815. 6. 나폴레옹, 워털루 전투 패배

현재 영국 사람들은 영국이 아주 오랫동안 민주국가였다고 생각한다. 그러나 국민의 대표들이 수백 년 동안 영국의 정치 제도를 구성하기는 했지만, 이를 민주주의라고 부르지는 않았다. 영국이 스스로를 민주국가라고 부르기 시작한 것은 19세기 말부터다.[46] 그리고 유럽만이 아니라 전 세계에서 민주주의가 현대적이며 합당한 체제로 인정받을 수 있었던 것은 제2차 세계대전이 끝난 후의 일이다.

미국 건국의 아버지들이 공화국을 세우기 위해 가장 현실적으로 참고했던 건 로마였다. 황제가 다스리기 전, 로마는 공화국이었다. 키케로에 따르면, 공화국(res publica)이란 '시민의 것(나라)'을 뜻한다. 왕국은 왕이나 몇몇 귀족의 것이다. 반면에 공화국은 모든 시민이 주인인 나라다. 그래서 공화국은 왕국이나 독재의 반대 개념으로 널리 쓰였다.

그런데 모든 시민이 주인이 되려면 국가의 모든 일은 시민의 뜻에 따라 만들어진 법을 바탕으로 이루어져야 한다. 법에 의한 지배, 즉 법치는 공화국을 떠받치는 큰 기둥이다.

"미국에서 법은 왕이다. 무소불위의 통치체제에서 왕이 법인 것처럼 자유국가에서는 법이 왕이 되어야만 한다. 그리고

---

46) 주경철, 『테이레시아스의 역사』, 산처럼, 2002.

다른 것은 왕이 되어서는 안 된다." 급진적인 성향의 토마스 페인은 자신의 혁명적인 소책자 『상식(Common Sense)』에 이 유명한 주장을 담았다.

1776년 7월 4일, 페인의 이 책이 출간된 지 6개월 만에 두 번째 미국 대륙회의가 필라델피아에서 소집됐으며, 그곳에서 공식적으로 독립선언문이 채택됐다. 이렇게 해서 가장 완벽하고 강력한 현대적 공화제의 탄생을 향한 결정적인 진전이 이루어졌다.[47]

마키아벨리에 의하면 공화국이란 '정의와 공동의 이익을 인정하고 동의한 사람들의 모임'이다.[48] 더욱이 공화국 로마에서는 단지 돈만 많아서는 사람들의 존경을 받지 못했다. 그냥 부자로 부러움을 샀을 뿐이다. 명예를 얻고 싶다면 공적인 일에 봉사할 줄 알아야 했다. 자신의 이익을 버리고 모두의 이익을 위해 기꺼이 희생할 줄 아는 자세, 공화국 시민에게는 이런 태도가 무엇보다 중요했다.

---

47) 벤 뒤프레, 『반드시 알아야 할 50 위대한 사상』, 지식갤러리, 2011.
48) 니콜로 마키아벨리, 『마키아벨리 군주론』, 인간사랑, 2014.

마키아벨리
/ 산티 디 티토(Santi di Tito)의 그림

'모두를 위한 나라'를 뜻하는 공화국의 이념은 현대 사회에도 널리 퍼져 있다. 공화주의는 '시민에 의한 나라'라는 민주주의의 이상과 짝을 이루기도 한다. 대한민국 헌법 1조 1항에 '대한민국은 민주공화국'임을 내세우는 것은 이런 생각을 반영한다.

그런데 18세기 말 프랑스혁명을 거치고 난 뒤 유럽 여러 나라에서 일반 시민들의 참정권 요구가 커짐에 따라 공화국과 민주주의라는 말이 함께 쓰이기 시작했다. 토머스 제퍼슨은 제임스 메디슨과 함께 민주 공화당(Democratic Re-publican party)이라 불리는 미국 최초의 정당을 만들기도 했다. 어느 순간 민주주의라는 말이 점점 더 자주 사용되기 시작했다.

공화정을 주장하던 사람들이 한때 스스로 부정했던 민주주의를 왜, 어떻게 수용하게 되었는지는 여전히 수수께끼다. 다만 공화정은 '왕정이 아닌 체제' 혹은 '교양과 재산을 가진 시민의 대표가 통치하는 체제'를 상상하게 하는 용어인 반면, 민주정, 민주주의는 참여에서 배제되었던 하층의 가난한 보통 사람들의 권리를 강조한다는 점에서 차이는 있었다. 따라서 재산이 없는 노동자들과 여성들의 참정권 운동은 중산층 내지 지식인 편향적인 공화정, 공화국을 넘어 민주주의의 가치를 높이는 큰 계기가 되었다.

민주주의에 대한 나의 개념은,
그 체제 하에서는 가장 약한 자가
가장 강한 자와 똑같은 기회를 가질 수 있다는
것이다.

– 마하트마 간디

공화주의 강화를 통한 민주주의 회복

한국 사회를 발전시킨 커다란 원동력은 산업화와 민주화다. 산업화가 먼저 이루어지고 나서 민주화가 실현되었다. 서구 사회도 마찬가지다. 고대 그리스가 민주주의 이념을 탄생시키기는 했지만 민주주의가 제도적으로 실현된 것은 산업화 이후였다. 서구에서는 민주화의 물결이 산업혁명, 종교개혁, 프랑스대혁명으로부터 밀려오기 시작해 자유주의와 사회주의의 정치적 실험을 거쳐 오늘날의 제도로 정착했다.

민주주의는 근본적으로 자유주의 사상에 토대를 두고 있다. 자유롭고 평등한 개인을 전제하는 자유주의는 민주주의의 출발점이자 실현해야 할 목표다.[49] 개인의 자유를 억압하는 독재

---

49) 이진우, 『중간에 서야 좌우가 보인다(대한민국정치이념지형도)』, 책세상, 2012.

정권과 전체주의 국가마저도 민주주의라는 이름을 오용하고 있지만, 민주주의는 본질적으로 자유민주주의다. 파시즘, 나치즘, 스탈린주의와 같이 개인이 존재하지 않는 전체주의 국가와 철저히 구별하기 위해서는 자유를 강조해야 한다.

히틀러

한국의 민주화 과정에서 자유주의는 반독재 투쟁의 이데올로기적 수단이었다. 해방 이후 정치적, 이념적 혼란기를 겪은 이후 박정희 대통령은 산업화를 국가적 목표로 설정하고 전국민을 동원했다.

경제개발 5개년 계획으로 대변되는 국가 주도 산업화 정책은 정경유착, 관치금융, 부정부패, 재벌 중심의 천민자본주의, 지역 불균형 등 많은 문제를 낳았다.[50] 하지만 오래된 가난에서 벗어난 국가의 경제적 자립의 토대를 마련한 것은 부인할 수 없는 업적이다.

국가권력이 강해지면 개인의 자유는 위축된다. 개인의 자유와 인권은 헌법에만 적혀 있을 뿐 현실에서는 국가의 이름으로 억압되었다. 우선은 먹고 사는 것이 중요하므로 국력을 모아야 하고 그러기 위해선 개인의 인권과 자유는 잠시 미뤄두어야 하며, 자유와 권리 같은 건 사치에 불과하다고 여기면서 억압했다. 자유와 인권은 개발독재에 저항하는 민주화 투쟁의 수단이었다.

---

50) 서중석, 『사진과 그림으로 보는 한국 현대사』, 웅진지식하우스, 2005.

1961년 5월 16일 군사정변

이 과정에서 자유주의는 이중으로 뒤틀리고 굴절된다. 첫째는 국가에 의한 자유주의의 왜곡이다. 산업화와 국가발전을 지상 목표로 설정한 보수 세력은 실제로는 국민의 자유를 억압하면서도 자유주의를 냉전 반공주의로 활용했다. 자유주의가 정치적 지배 이데올로기로 활용된 반공주의와 동일시되면서 자유주의의 본질이 왜곡된 것이다. 이때부터 인권과 민주화를 외치기만 하면 좌파 빨갱이로 몰리는 어처구니없는 일이 벌어진다.

자유주의의 또 다른 왜곡은 진보 세력에 의해 이루어진다. 반독재 투쟁을 하던 대부분의 진보 세력은 자유주의의 세례를 받았다. 그들은 마르크스주의와 사회주의 이념에 경도되었지만 근본적으로 개인의 자유와 인권 사상에서 출발했다. 개인의 자유를 억압하는 독재권력을 타도할 수단으로 사회주의 이념을 동원한 것이다. 자신들의 타도 대상인 독재 정권이 친미적 자유주의를 표방하면서 진보 세력은 자유주의를 경멸하게 되었다. 이러한 역설은 분단 시대 개발독재가 낳은 비극이다.

우리 사회에서는 전통적으로 우파는 산업화를, 좌파는 민주화를 추구하는 것으로 생각한다. 그렇다면 산업화와 민주화, 성장과 인권은 정치적 판단과 지형을 우파와 좌파로 나누는 확실한 기준이 될 수 있을까? 우파와 좌파 모두 어떤 측면을 평가 기준으로 설정하느냐에 따라 긍정적 가치를 대변할 수도 있고, 반대로 부정적 가치를 대변할 수도 있다.

먹거리와 경제성장 같은 물질적 가치를 주요 기준으로 생각하는 우파는 평등을 외치는 좌파에 '인권이 밥 먹여주냐, 민주화가 밥 먹여주냐'라고 조롱하면서 좌파 빨갱이라는 낙인을 찍는다. 반면에 인권과 자유 사상을 토대로 부당하고 억압적인 권력으로부터의 해방을 최상의 가치로 생각하는 좌파는 우파를 경제적 이익에 매몰되어 밥보다 더 중요한 것을 모르는 보수꼴통이라고 경멸한다.

그러나 21세기의 복잡한 현대 사회는 결코 산업화와 민주화를 대립 개념으로 간주하지 않는다. 우리는 여전히 물질적 부와 경제성장을 우선시하는 경향이 있지만 개인의 권리와 자유를 경시하지 않는다. 사회가 부유해질수록 사람들은 더욱 개인의 자유를 요구한다. 개인의 자유에 대한 욕구가 분출하지 않았다면 현대 사회도 없었을 것이다. 산업혁명, 종교개혁, 프랑스혁명으로 촉발된 사회 변혁 과정에서 볼 수 있듯이, 처음에는 공동체에 묶여있던 개인이 어떻게 자유를 추구하는 독립된 주체로 해방되는가 하는 문제가 늘 관건이었다.

우리 사회에서는 자유주의가 완전히 뿌리내리지 못한 상황에서 개인의 자유와 인권을 실현해야 하고, 다른 한편으로 해방된 개인들이 사회 문제에 관심을 갖고 바람직한 연대를 실천해야 하는 과제를 안고 있다[51]. 우파가 해방된 개인들의 자유 욕구에 관심을 가져야 하는 것처럼 좌파 역시 자유 실현을 위한 물질적 조건을 인정해야 한다.

---

51) 장성익, 『사라진 민주주의를 찾아라』, 풀빛, 2018.

지금까지 인류가 발전시킨 최선의 정치 제도는 민주주의다. 민주주의의 근본 요소는 자유와 평등이다. 민주주의의 과제가 자유와 평등을 어떻게 조화시킬 것인가로 모아진다면, 좌파와 우파 모두 자유와 평등 모두를 진지하게 고려해야 한다.

"대한민국은 민주공화국이다." 대한민국 헌법 1장 1조 1항의 내용이다. 이는 대한민국이라는 국가의 성격을 표현한다. 헌법 1장 1조 2항은 "대한민국의 주권은 국민에게 있고, 모든 권력은 국민으로부터 나온다."이다. 국민 주권에 관한 2항은 민주주의 즉 대한민국의 권력 형태를 언급한 것이다.[52] 국민은 한 국가 구성원 모두를 일컫는 말이다. 즉 신분, 지위, 재산 등의 여러 조건에 의해 다른 사람에게 예속되어 노예처럼 살지 않는 동등한 권리를 가진 이들을 뜻한다.

공화주의에서는 주종적 예속 관계가 없는 자유 상태를 최상의 상태로 생각한다.[53] 공화주의는 사람에 의한 지배가 아닌 법에 의한 지배, 즉 법치를 목표로 한다. 법의 특징은 객관성,

52) 홍명진, 『안녕하십니까? 민주주의』, 더난출판, 2017.
53) 김경희, 『공화주의』, 책세상, 2009.

공정성, 그리고 공공성인데, 공공선을 그 목적으로 한다. 그러나 공공선을 목적으로 하는 법의 지배에는 사람들의 적극적인 지지와 참여가 필요하다. 법과 제도가 아무리 잘 갖춰져 있어도 사람들이 그것을 따르지 않으면 무용지물이 되기 때문이다.

따라서 공화주의에서는 법과 제도의 중요성 못지않게 시민의식 혹은 시민적 덕성이 중요하다. 법과 제도가 스스로 기능하는 것이 아니기 때문에 사람들의 선한 의지가 필요하다. 이처럼 공화주의는 공공선을 담보하는 법의 지배 안에서 시민들이 다른 시민들에게 예속되지 않고, 자유를 누리며, 시민적 덕성을 실천하는 정치 질서를 세우는 것을 목표로 한다.

서구의 정치사에서 공화주의는 군주제에 대한 저항의 논리였다. 정치와 경제 영역에서 세력을 키워가던 시민들이 있었기에 공화주의적 사고가 가능했다. 이 시민들이 군주의 자의적인 일인 통치에 대항해 자신들의 자유와 권리를 누릴 수 있는 정치 체제, 즉 공화제를 주장했던 것이다. 또한 현대 미국에서 공화주의는 개인주의의 폐해를 극복하기 위해 부활한 이론이기도 하다. 공화주의자들은 사적 개인의 영역과 독립성이 지나치게 강조된 나머지 시민들이 원자화되고 고립된 무연고적 존재로 전락했다고 진단했다. 이들은 이기주의에 충만한 대중이 아니라 공동체 속에서 자신의 역할을 사고하는 시민의식을 지닌 공중의 부활을 꾀했다.

　많은 국가에서 민주주의가 확립되고 발달하기 시작한 오늘날 공화주의가 지니는 의미는 남다르다. 시장경제가 발달하고 사적 영역이 확대되면서 공중 영역은 축소되고 시민들은 파편화되었다. 개인주의에 빠진 시민들은 광장에서 물러나 개인들의 은밀한 공간에서 자유를 탐닉하려고 정치를 잊어버렸다. 정치는 시민이 아닌 일부 잘난 정치인들의 전유물이 되었고, 실제로 체험하는 정치가 아니라 단지 구경만 하는 양상으로 변했다.

　공화주의는 분리된 개인, 파편화된 개인, 벽을 너무 높이 쌓아버린 사적 영역, 나아가 '억압자'로만 인식되는 국가 등의 개념을 부정한다. 공화주의는 개인은 공동체 안에서 서로 연결되고, 자아는 그 속에서 형성된다고 본다. 또한 공적 영역의 중요성, 참여함으로써 얻을 수 있는 자유인 적극적 자유, 나아가 질서와 제도의 유지자로서 국가의 적극적 역할을 강조한다.

　오늘날 대한민국에서 왜 공화주의가 중요한가? 허약한 민주주의를 공고히 하기 위해서는 민주주의의 부족한 부분을 채

워줄 그 무엇이 필요하기 때문이다. 그것이 바로 공화주의다.

공화주의적 자유는 주종적 혹은 예속적 지배 관계가 존재하지 않는 상태의 자유다. 간섭이 있는 경우와 예속적 상태에 있는 경우는 명백히 다르다. 이 자유는 예속 상태를 없애 두려움이 없는 마음의 안정 상태를 만들어낸다.

공화주의자들은 자유주의자들과 달리 법에 의한 간섭이나 국가의 공정한 개입을 자유에 해가 되는 것으로 여기지 않는다. 그런데 실제로 법의 개입이 자유를 침해하지 않으려면 법이 자의적이지 않아야 한다. 다시 말해 법은 보편적 규범을 담고 있으면서 공공성을 지향해야 한다.

주종적 지배 관계에 예속되는 것에 반대하는 공화주의적 자유관은 정치공동체의 유지를 위해 중요하다. 주종적 지배 관계는 지배하는 쪽에는 방종과 오만을, 지배받는 쪽에는 비굴함을 키워내기 때문이다. 중용을 지키지 못하는 오만과 비굴은 시민들을 부패시켜 윤리와 질서가 부재한 사회를 만든다.

주종적 예속 관계를 제어하려면 법의 간섭이 필요하며 그 법을 통해 자의적 억압을 행사해 온 이들의 행동을 제약하는 것이 필요하다. 법치는 법 적용의 보편성과 일반성을 특징으로 한다. 즉 법은 신분의 귀천이나 권력의 유무에 상관없이 모두에게 공평하게 적용되어야 한다. 이렇게 될 때 사람들은 법이 특수계층의 사익을 옹호하는 것이 아니라 공동체 구성원 전체의 이익, 즉 공공선을 위해 복무하는 것임을 인정하게 된다.

법치는 개인 혹은 한 집단의 자의적 지배를 제어할 수 있는 가장 효과적인 방법이다. 법이라는 객관적이고 공적인 기준이 확립되어 있을 때, 공동체 구성원들은 자신의 행위와 결과를 쉽게 예측할 수 있기 때문이다.

법치는 공동체 구성원들의 갈등을 공적으로 해소하는 역할을 수행한다. 고소·고발 제도처럼 갈등과 증오를 해소할 수 있는 통로가 마련되어 있지 않다면 갈등 당사자들은 사적인 방법에 의지해 문제를 해결하려고 할 것이다. 합법적인 배출구가 없을 때 시민들은 공동체 내의 갈등 해소를 위해 불법적인 방법에 호소한다. 고소·고발 제도가 없다면 시민들은 중상으로 문제를 해결하려고 할 것이다. 고소·고발 제도는 합법적인 방법으로 공개된 장소에서 증거를 가지고 정당한 절차를 따르는 것이다. 반면 중상은 시민들에게 커다란 혼란을 일으키고 미움을 증폭시켜 공동체를 혼란과 위험에 빠지게 한다.

공공성은 정치공동체 각 구성원과 각 계층 간의 이견 조율을 통해 공동의 이익을 추구하는 공존의 이념이다. 공평한 공적 이익은 공정한 법 제도를 통해, 사적 이해관계를 초월하는 공정한 공적 제도 속에서 추구되고 만들어진다. 그런데 이런 공적 제도는 사실 공동체 구성원 간의 대립과 갈등 속에서 생겨난다. 다시 말해 공동체 각 세력이 저마다 자신의 사적 이해관계만을 추구한다면 혼란과 내전 상태만 계속된다는 사실을 깨달은 결과 공적 제도가 마련된 것이다. 사적인 이익 추구는 이익을 추구하는 개인에게 전혀 도움이 되지 않는다. 서로 대립하고 갈등하는 이해관계의 쌍방만 있기 때문이다.

자신만의 이익을 추구하면 상대방에게 배척되기 때문에 상대방을 고려해야 한다. 갈등하는 쌍방의 견제와 균형을 통해 공존과 상호 이익을 도모하는 것이 공동체 전체의 이익일 뿐만 아니라 각자의 이익도 된다는 사실을 깨달은 것이다. 이처럼 공(公)은 공(共)의 협동 속에서 만들어지는 것이며, 이렇게 만들어진 공(公)은 다시 시민들이 공존하고 협동할 수 있는 기준과 길을 제시한다.

이런 의미에서 시민적 덕성은 개인 혹은 집단의 사적이거나 개별적인 이익 추구에 반대한다. 시민적 덕성이 사라지면 부패가 그 자리를 차지한다. 부패의 문제는 사(私)의 논리가 공(公)의 영역에 침투해 공의 논리를 침해하고 그것을 대체할 때 발생한다.

공사의 구분이 무너지고, 공적인 영역에서 객관적 기준이 통용되는 것이 아니라 가문, 재산, 혈연, 지연 등의 사적 관계가 그것을 대체할 때, 시민들은 공적인 영역에서 자신들만의 사적 이익을 추구하게 된다. 이렇게 부패가 도래하면 시민들은 정치에 주인으로서 참여하는 것이 아니라 이익의 노예로서 수동적으로 대응하게 된다. 시민적 덕성은 사라지고 각자 자신의 이익만을 추구하는 만인에 대한 만인의 투쟁 상태가 도래하는 것이다.

불평등과 부패 상태를 극복하기 위해서는 공적 질서를 유지해야 하는데, 이는 공동체가 어느 한 계층에 의해 지배당하지 않는 상황을 만들어내는 것을 말한다. 공공선의 이념이 만들어지는 공간이자 시민적 덕성이 끊임없이 재생산되는 공간으로서의 사회를 만들기 위해서는 공정한 법 제도와 공적 질서의 확립이 중요하다. 다시 말해 공화주의적 자유와 평등이 보장되는 공동체가 필요한 것이다.

공화의 시대를 열기 위해서는 국가 공동체를 위한 책임이

굉장히 중요하다. 그 시대가 오기 위해서는 정치지도자와 대중 모두가 크게 변하지 않으면 안 된다. 보수와 진보가 가치관과 정체성의 차이를 극복하고 힘을 합칠 때, 비로소 공화주의가 실현되는 시대가 활짝 꽃을 피울 수 있을 것이다.

대한민국에서 '87년 체제'가 성공했던 것은 학생, 시민, 노동자가 들고일어났기 때문만은 아니다. 그런 변화의 압력 속에서 보수와 진보가 대타협을 했고, 그 결과 새로운 헌법을 만들었기 때문이다.[54] 그 새로운 헌법과 거기에서 비롯된 제도의 틀 속에서 민주주의를 향한 확고한 이행이 가능했다. 그렇게 우리 사회에서 민주주의는 착실하게 발전하는 것으로 보였다.

대한민국은 민주공화국이다. 그럼에도 불구하고 그동안 정치인들과 국민들은 민주주의만을 강조하고 공화주의를 등한시했다. 민주주의만 확립하면 모든 체제가 이상적으로 돌아가고 국민들은 행복해질 것이라고 믿었다. 그러나 87년 체제 이후 민주주의에 필요한 수많은 법과 제도를 도입했음에도 우리 사회의 갈등과 반복은 심화되고 있다. 오히려 민주주의가 후

---

54) 박성민·강양구, 『정치의 몰락』, 민음사, 2012.

퇴하고 있다는 말도 들린다.

대한민국이 현재의 골든타임을 돌파하려면 어떤 선택을 해야 할까? 현 단계에서 민주주의를 심화 발전시키려면 어떤 국민적 합의가 필요할까? 이러한 질문들의 해답은 새로운 민주주의를 찾는 것보다 공화주의에서 찾아야 한다고 생각한다. 즉 현재의 대한민국 골든타임을 돌파하기 위해서 우리는 공화주의를 확고히 정착시켜야 한다.

공화주의를 통해 공공선의 창출, 시민의 정치참여와 책임의식, 공직자의 윤리와 책임성 등을 강조함으로써 우리 사회의 갈등과 반목, 양극화 등을 완화해야 한다. 또한 시민의 정치적 책임 의식의 약화와 사적 이익의 무분별한 추구에 따른 공공이익의 훼손 등을 해결하고, 특히 정치인과 공직자의 권력 남용, 권위주의적 행태 등을 바로잡아 가야 한다. 이렇게 향후 대한민국에서 공화주의를 강화하는 길만이 민주주의를 살릴 수 있는 것이다.

대한민국은 세계에서 유례를 찾아볼 수 없이 단기간에 산업화와 민주화에 성공한 자랑스러운 나라다. 그러나 그 산업화와 민주화가 오랜 기간 숙성되지 않았기 때문일까, 오늘날의 대한민국은 골든타임 즉 국가적 위기에 직면해 있다. 이제 모두가 지혜와 힘을 모아 골든타임을 돌파하고 새로운 시대를 열어야 한다. 공정, 정의, 공공선 등의 공화주의적 가치를 바로 세움으로써 우리는 새로운 길을 찾을 수 있을 것이다.

민주주의는 단순한 정치형태 이상의 것으로
공동생활의 한 양식이며,
서로 주고받을 수 있는 경험의 한 형태이다.

– 존 듀이(미국 철학자)

나가며

프랑스에서는 해 질 녘을 '개와 늑대의 시간'이라고 부른다. 이는 황혼이 깔리면서 모든 사물이 검붉고 검푸르게 물들어가는 어스름한 시간인데, 낮의 짙은 붉은 색과 밤의 짙은 푸른 색이 만나 물체의 실루엣을 확실히 가늠하기가 어렵기 때문이다. 저 언덕 너머로 다가오는 동물이 나를 반기러 오는 개인지, 나를 해치러 오는 늑대인지 분간하기 힘들다. 우리 시대는 '개와 늑대의 시간'을 닮았다. 혼돈과 분열의 소용돌이에 빠진 한국 정치는 한 치 앞을 내다볼 수 없게 되었다. 이렇게 된 원인은 한국 사회가 공공의 적을 방치해 왔기 때문이다.

패거리 정치와 당리당략에 매몰된 정치인, 국가 권력을 사유화하고 남용하는 공직자, 법질서와 정의를 농단하는 법조인 등이 공공의 적이다. 진실을 왜곡해 대중을 미혹하는 언론인, 권력에 빌붙어 출세할 궁리만 하는 지식인, 자기 잇속만 챙기는 기업인, 혈세를 착복하는 시민운동단체 역시 공공의 적이다. 민주화 이후 이들의 연고주의와 끈끈한 동맹으로 인해 깨끗한 정치를 바라는 국민의 염원이 계속 유예되고 있다. 이는 사법 시스템이 정상적으로 작동되지 않았기 때문이다.

법치의 유지를 위한 강력한 보루는 사법부다. 민주국가에서 사법부의 독립성, 정치적 중립과 재판의 불편 부당성은 중요하다. 법원에서 판사들이 법조문을 올바로 해석하고 공정하게 적용하지 않는다면, 법치는 허울에 불과하다. 집권당이 바뀌면서 사법부의 입장이 매번 영향을 받는다면, 이는 삼권분립이라는 민주주의 제도의 기본을 파괴하는 행위다. 유전무죄 무전유죄나 전관예우라는 말이 표현해 주듯이, 힘 있고 돈 많은 사람이 유리한 취급을 받는다면, 이는 결코 법치국가라고 할 수 없다. 법치가 철저히 적용되어야 할 대상은 국가 기관과 정치인이다. 법률이 국민에 대해서는 강력한 구속력을 가지면서, 국가 기관과 정치인에 대해 무력하다면 법치를 전면적으로 부정하는 것이다. 문재인 정부가 촛불의 힘으로 집권에 성공하고 지난 총선에서 180석의 압승을 하면서도, 대선에 실패한 이유는 검찰개혁을 외치면서 실상은 법치를 훼손했기 때문이다.

한국 사회의 분열과 갈등이 갈수록 심화되며 양극화되고 있다. 사회 계층 간의 양극화가 심화되어 분열되더니 정치적으로 보수와 진보의 갈등이 격화되어 국민을 갈라놓고 있다. 정치가 갈등을 해결하지 못하고 오히려 갈등을 조장하고 있으며, 국민의 신뢰를 받는 정치인이나 리더가 눈에 보이지 않는다.

오늘날 거짓말과 편 가르기, 혐오와 분노, 갈등과 폭력이 우리 사회를 특징짓는 현상이 되었다. 이런 사회에서는 소통과 상대방에 대한 포용, 관용이 점점 어려워지고 신뢰는 약화된다.

정치의 역할이 그 어느 때보다 중요하다. 대한민국의 성장 동력이 취약해지고 구조개혁이 미흡해 여러 문제가 나타나고 있다. 치열한 글로벌 경쟁에서 살아남아 대한민국이 재도약할 지 추락할지, 지금이 참으로 중요한 골든타임이다.

짧으면 5년 길면 10년, 우리는 이 골든타임에 엄중하며 현명 하게 대처해야 한다. 분열과 위기를 극복하고 통합과 상생의 길로 나아가야 한다.

부록

나의 골든타임 돌파기

매미는 길게는 10년 동안 애벌레로 지내다가 어른 매미가 되는데 매미의 수명은 보름 남짓에 불과하다. 뱀은 1년에 한두 번씩 허물을 벗으며 자신의 성장과 새로운 피부세포를 만들어 간다. 이렇게 자연에서는 기존 형체로부터 탈피함으로써 성체로 변해 가는데 그 변화를 위한 준비기를 골든타임이라 볼 수 있다. 그 골든타임을 잘 견디고 이겨내야 제대로 성장할 수 있지만, 그렇지 못하면 새로운 변화를 맞지 못하고 도태되는 것이다.

　이 책을 통해 우리나라의 골든타임에 대해 고민해 보았다. 현재의 대한민국의 위기 즉 골든타임을 잘 극복해야 더 밝은 미래가 있지, 그렇지 못하면 국가와 민족의 도태가 시작될 것이다. 인생에서도 우리는 각자 몇 번의 골든타임을 맞지 않을까? 정신적 육체적으로 변해야 할 때라고 할까, 위기라고 할까, 우리는 이때를 잘 극복해야 보다 나은 삶, 풍요로운 미래를 기약할 수 있다.

나도 지금까지 살아오면서 몇 번의 골든타임을 맞았고 나름대로 넘겨왔다. 첫 번째 골든타임은 초등학교 들어갈 무렵의 어린 시절이었다. 그 시절 나는 무척 개구쟁이였다. 두 형과 여동생 사이의 3남으로 태어난 내가 어렸을 때 살았던 곳은 서울 동대문구 창신동이었다. 평범한 서민들이 옹기종기 모여 사는 한옥마을이었는데 비탈길 경사가 꽤 심했고 언덕 위에 우리 집이 있었다.

그 당시 나는 친구들과 매일같이 밖에서 뛰어놀았다. 특히 겨울이면 손등이 터서 피가 날 지경이었는데 어머니는 뜨거운 물이 담긴 세숫대야에 손을 담그게 하고 닦아주신 후 로션을 발라주곤 하셨다.

지구온난화 영향이 덜했기 때문일까? 그 당시 겨울은 무척 추웠다. 그 겨울 나와 친구들은 눈 내리는 것을 무척 기다렸다. 눈 내리고 우리가 조금 못된 짓(?)을 하면 신나는 일이 기다리고 있었기 때문이다.

눈이 내리면 나와 친구들은 밤늦게 어김없이 언덕길에 나

와 물을 뿌려놓았다. 언덕길을 빙판으로 만들어 신나게 썰매를 타기 위해서였다. 다음 날 일찍부터 엉덩이에 나무판을 대고 미끄러져 내려갔을 때, 그 상쾌함과 짜릿함은 이루 말할 수 없을 정도였다. 엄마들의 불호령이 떨어지기 전까지는 말이다.

엄마들은 각자 한 손에는 몽둥이를 또 다른 손에는 연탄재를 들고 뛰쳐나왔다. 몽둥이는 연탄재를 깨서 빙판을 미끄럽지 않게 하기 위함이었지만, 또 다른 목적은 자식들을 찾아 궁둥이를 때리기 위함이었다.

우리 엄마는 주로 당시의 중간부터 끝이 넓적한 빨랫방망이를 들고 나에게 달려오셨다. 하지만 줄행랑치던 나를 잡기는 어려우셨다. 한번은 나를 잡아서 혼내시려고 빨랫방망이를 들고 당시 살던 창신동에서 종로까지 달리셨다고, 지금도 웃으면서 말씀하신다.

이렇게 뛰놀기만 하고 타인을 배려하지 못했던 내가 조금씩 철이 들어간 것은 역시 교육의 영향이었다. 집에서 주로 어머니에게 많이 혼났던 경험들과 초등학교에서 선생님들의 엄한 훈육이 나를 변화시켜 갔다.

당시 내가 다녔던 학교는 신설동에 있었던 대광초등학교였다. 윤석열 대통령도 이 학교 출신인데 내가 6년 후배다. 윤 대통령도 초등학교 시절의 보이스카우트 경험을 얘기한 적이 있는데, 나도 보이스카우트를 했었다.

얼마 전 우리나라 새만금에서 개최된 세계 스카우트 잼버리 대회를 둘러싸고 논란이 많았는데, 당시에도 야영대회라 불렸던 방학 스카우트 행사에 참석했던 기억이 난다. 어려서 집과 학교를 떠나 야외에서 며칠을 생활한다는 것은 쉽지는 않았지

만, 이러한 경험들은 공동생활 중심의 사회성을 길러주는 데 크게 도움을 주었다고 생각한다. 이렇게 나는 천방지축 첫 골 든타임을 조금씩 넘어설 수 있었다.

초등학교 고학년이 되고 중학교에 진학하며 나는 오히려 말이 적은 모범생으로 변해갔다. 당시의 성적표를 보면 선생님들은 나에게 "과묵하며 모범적"이라는 평가를 많이 하셨다. 과묵하다는 표현은 좋게 말해 쓸데없는 말을 많이 하지 않는다는 의미이지만, 매사에 의사표현이나 행동이 적극적이지 못하다는 뜻이기도 하다.

그렇게 사춘기를 지나던 청년 시절 나는 남들 앞에 나서기를 꺼리던 조용한 학생이었다. 그랬던 내가 보다 적극적인 성격으로 변하게 된 계기가 고등학생 때 찾아왔다. 보문동에 있었던 용문고등학교에 다녔던 나는 고등학교 2학년 때 처음으로 반장이란 것을 경험했다. 한 반 60명 학생들의 대표로서 봉사한다는 일은 나에게 중요한 경험이 되었다. 더 나아가 고3 때에는 지금으로 말하면 전교 학생회장에 해당하는 학도호국단 연대장을 맡게 되었다.

교련복을 입고 2,200명에 이르는 전교생이 운동장에 모여 실시하던 교련 사열, 나는 육성만으로 전교생을 일사불란하게 통솔해야 했다. 교련 사열이 며칠 동안 이어지면 어김없이 목이 쉬었는데 그때마다 날달걀을 몇 개 먹곤 했던 기억이 난다. 그 밖에 학생회 임원들과 어려운 이웃들을 찾아가는 봉사도 많이 했는데, 이러한 경험들을 하면서 나는 조직의 리더로서 겪는 어려움 뒤편의 보람을 느끼게 되었다.

이렇게 나는 소극적이었던 청년시절 골든타임을 벗어나 적극적으로 사람들 앞에 서게 되었다. 돌이켜 보면 그 시절부터 나의 꿈은 정치가였던 것 같다. 리더로서 구성원들과 함께 어려움을 극복해 가는 것이 조직과 사회를 위해 얼마나 보람 있는 일이며 스스로에게도 행복한 일인가를 경험을 통해 느꼈던 것이다.

우리 경제가 빠르게 성장하던 1980년대 중반 나는 연세대 경제학과에 입학했다. 대학생이 되어 처음 느꼈던 감정은 "해방감"이었다. 모든 것이 자유로웠고 자신의 선택과 책임하에

행동할 수 있었다. 나는 자유를 만끽하며 공부도 하고 여행도 하며 친구들과 사회현실에 대해 밤새워 토론도 했다.

자연스럽게 사회과학을 공부하는 동아리에 들어가게 되었던 나는 당시 사회의 민주화와 개혁을 위해 학생운동에 적극 가담하게 되었다. 캠퍼스에서는 하루가 멀다고 데모가 있었고 진압하려는 전투경찰들이 쏜 최루탄으로 매일같이 눈물, 콧물을 흘려야 했다.

당시 나를 포함한 많은 대학생들은 민족, 민주, 민중이라는 3민 사상에 몰두했다. 민주주의 국가를 만들어야 한다는 신념과 함께 소외되고 어려웠던 노동자, 농민 등의 민중을 도와야 한다는 사명감을 가졌다. 이러한 생각에 방학 때에는 선후배들과 함께 농촌봉사활동을 떠났고 대학 2학년 시절에는 노동자들과 함께 하는 야학 교사로서 활동했다. 또한 세계 유일의 분단국가 한국의 많은 모순을 해결하고 발전을 기하기 위해서는 한민족 화해와 통일의 길로 나아가야 한다는 공감대를 가졌다.

나는 이렇게 대학 1, 2학년 동안 민족, 민주, 민중에 대해 공부하고 찾아가려고 노력했지만, 머릿속이 조금씩 혼돈에 빠져들어 갔다. 그러한 혼돈은 '우리 사회의 모순을 해결하기 위해서 혁명이 필요한가, 개혁이 필요한가'하는 문제와 함께 '북한 사회를 어떻게 바라볼 것인가'하는 두 문제에 대한 것이었다.

당시 학생운동권 주류였던 두 세력, 즉 민중 민주주의에 기반을 둔 PD 계열이나 민족해방을 전면에 내세운 NL 계열 모두 궁극적으로는 사회 혁명을 꿈꿨다. 혁명만이 우리 사회의 모순 해결과 진일보한 발전을 가져온다고 믿었다. 그러나 당시 나는 혁명에 찬성할 수 없었다. 수많은 피를 수반할 혁명은 우리 사회에 일어나기도 어렵고 일어나서도 안 된다고 생각했다. 따라서 많은 분야에 걸친 철저한 개혁만이 우리 사회를 점진적으로 나은 방향으로 이끌 것이라고 믿었다.

또한 1980년대 중반부터 대학가 운동권에는 북한의 주체사상에 대한 학습 열기가 커져갔다. 남북한 중에 북한에 정통성을 두어야 한다는 목소리도 높아갔다. 이에 대해서도 나는 지지할 수 없었다. 자유민주주의와 시장경제에 입각한 한국은 1980년대 이미 경제력이나 군사력 측면에서 북한을 상당히 앞질렀다. 그 격차는 오히려 확대될 것이며, 자유가 없고 폭압만이 있는 북한의 사상에 매료되어 그 체제를 옹호한다는 주장을 나는 도저히 받아들일 수 없었다.

이렇게 당시 운동권 주류 세력들의 생각과 궤를 달리 해갔던 나는 많은 곳에서 선배나 동료들과 충돌했다. 언성이 높아졌고 주류의 생각에 반기를 드는 나는 배신자로 매도되기도 했다. 그 시기 나는 많은 고민과 번뇌에 빠졌다. 민족 민주 민중에 대한 순수한 열정으로 시작한 학생운동을 계속 이어갈 것인가, 아니면 새로운 길을 모색할 것인가?

지금 돌이켜 보면 그 당시 학생운동과 사회변혁에 대해 번민들을 거듭할 때가 나에게 있어서는 또 하나의 골든타임이었다고 생각된다. 대학 3학년이었던 그 당시는 1987년 6월 민주항쟁이 한참이었던 때이기도 했다. 우리 사회가 민주화라는 큰 물꼬를 터갈 때 나는 그 민주화 너머서 다가올 우리 사회의 모습과 나 자신의 삶에 대해 깊은 성찰을 하게 된 것이다.

이와 같은 골든타임을 겪으며 나는 스스로 많이 부족하다는 점, 더 많이 배우고 견문을 넓혀야겠다는 다짐을 하게 되었다. 실력을 쌓은 후에 훗날 내가 고민했던 문제들에 대한 답을 구하기 위해 수많은 현장에 직접 뛰어들겠다는 결심을 하고 군 복무를 마친 후 일본 유학을 떠났다.

1992년부터 나는 교토(京都)대학에서 경제학을 공부하며 유학 생활을 시작했다. 일본의 대학원에서 경제학을 더 배우겠다고 생각한 것은 경제대국 일본의 성장 비결을 배우기 위함이었고, 또 하나는 그것을 통해서 우리 경제의 발전 방향을 모색하기 위함이었다. 나의 박사 논문 주제는 반도체와 공작기계라는 두 산업에서 일본과 한국이 보여 온 기술혁신 패턴을 비교분석하는 것이었다.

이 두 산업을 선택한 것은 이 둘이 일본과 한국의 상반된 기술 수준을 나타냈기 때문이었다. 즉 당시 첨단산업 중에서 한국이 일본을 따라잡은 유일한 산업이 반도체 산업이었던 것에 반해, 여전히 큰 기술격차가 남아 있는 대표적인 산업이 공작기계 산업이었다.

교토는 일본의 역사와 문화가 살아있는 무척 아름다운 곳이었다. 그곳에서 나는 경제학 이외에도 일본이라는 나라와 일본인을 알려고 노력했다. 알아야 다시는 당하지 않을 것이고 언젠가 넘어설 수 있다는 생각에서 그렇게 했다. 결혼도 해서 딸 아들을 낳고 행복한 가정도 이루었다.

1999년 박사학위를 취득한 나는 한국에 바로 귀국하기보다 일본에 더 남는 길을 선택했다. 그보다는 1997년 IMF 경제위기를 겪었던 당시 한국에 내가 돌아갈 자리를 찾는 것이 어려웠다고 말하는 것이 더 정확할 것이다. 나는 이시카와(石川)현 거점 국립대학인 가나자와(金澤)대학에 전임강사로 취직하게 되었다.

가나자와대학 경제학부에서 나는 국제경제학을 가르치며 5년 동안 근무했다. 가나자와는 에도 시대에 도쿠가와(德川) 막부 체제 2인자였던 마에다(前田) 가문이 대를 이어 살았던 곳이었는데 그 영향으로 미술이나 금박공예 등 문화가 융성했던 곳이다. 지금도 가나자와는 작은 교토(小京都)라 불리고 있다. 한편 가나자와는 우리에게 윤봉길 의사가 끌려가 돌아가셔서 묻혔던 아픈 곳이기도 하다.

가나자와대학에서 나는 테뉴어(Tenure)를 받았기 때문에 65세 정년까지 근무할 수도 있었다. 그러나 나는 12년 동안의 일본 생활을 접으며 가족과 함께 2004년 귀국했다. 몇 이유가 있었지만, 젊은 시절 유학을 결심하고 떠날 때 했던 결심, 즉 조국의 현장에 직접 뛰어들겠다는 다짐을 실현하기 위한 것도 귀국의 큰 이유였다.

이후 나는 인하대학교 국제통상학과에서 20년 가깝게 후학을 양성해 왔다. 후학을 양성하고 학문을 연구하는 일은 커다란 즐거움이자 보람이었다. 하지만 나는 아직 젊어서의 꿈과 다짐을 잊지 않고 있다. 고교 시절 학생회장을 하며 꿈꿨던 정치가가 되겠다는 꿈, 대학 시절 학생운동의 경험으로부터 다짐한 우리 사회 변혁과 발전에 동참하겠다는 꿈….

이러한 꿈을 실현하고자 나는 교수를 하면서 지난 10년 동안 정치를 했다. 정치를 하는 교수, 폴리페서라는 곱지 않은 주위 시선을 크게 개의치 않았다. 교수와 정치 모두 충실히 하려고 노력해 왔다. 두 번의 국회의원 선거에도 나갔다. 특히 2016년 첫 총선에서 200표 남짓한 차이로 낙선한 것이 많이 아쉬웠다.

지난 10년 동안 많은 정치적 좌절을 겪으면서도 포기하지 않고 이어온 정치가로서 살아온 궤적이 나에게는 또 하나의 골든타임이었다고 생각한다. 변화와 발전을 위해 인내하며 극복해야 하는 시기, 지난 10년은 나에게 정치가가 되기 위한 골든타임이었다. 내년인 2024년 4월, 22대 총선이 있다. 지난 골든타임을 벗어나 젊어서의 다짐대로 사회 변혁과 조국 발전의 현장에 뛰어들기 위해 오늘도 나는 묵묵히 최선을 다한다.

대한민국 골든타임 돌파전략

초판 1쇄 2023년 11월 1일

지은이 정승연
발행인 김재홍
교정/교열 김혜린
디자인 박효은
마케팅 이연실

발행처 도서출판지식공감
등록번호 제2019-000164호
주소 서울특별시 영등포구 경인로82길 3-4 센터플러스 1117호 (문래동1가)
전화 02-3141-2700
팩스 02-322-3089
홈페이지 www.bookdaum.com
이메일 jisikwon@naver.com

가격 20,000원
ISBN 979-11-5622-833-2 03300